# 寺木だあ！

明治・大正・昭和　三代を駆けぬけた歯科医

鈴木　祥井

榊原悠紀田郎先生に捧げる

# まえがき

ずっと以前読んだ随筆なので、記憶が定かではありませんが、歴史学者トゥインビーがレストランで食事をしていたときのことです。近所で火事があって、見てきた人たちが口々にその模様を伝えるのを聞いていると、僅か数分前のことなのに、あまりに食い違いが多い。これでは数十年前、数百年前のことなど、正確に伝わっているわけがない、と計画していた世界史の執筆を断念したそうです。

私が寺木定芳という桁外れの歯科医師に興味を持ってその伝記を書いてみようと思ったときにも、どこまで正確に記述できるかで大きな壁にぶつかりました。半世紀以上前に亡くなっている人物なので、本人に会って確かめる訳にもいきませんし、書き残したものを読んでみても矛盾だらけ。そこへ持ってきて本人は文士崩れなので文章は誇張や修飾のデパートでした。敬愛する斯界の先達も、あの人はいい加減な人だよ、と暴挙を諫めるばかり。それでも、諦めるにはあまりにも魅力的な人生の達人でした、寺木定芳という人物は。

わが家に「物語日本史」という全一六巻の本があります。読書家だった祖父が、漢字もろくに読めない孫の私に下げ渡してくれた代物です。神話も立派な歴史であった戦時中のことで、歴代天皇の名前を暗記する傍ら、その天皇の事蹟や同時代の名僧の奇跡など、事実の裏打ちの少ない歴史物語を、興味深く読んだものでした。

長い教員生活で染みついた論文調の文章を、まだお元気だった榊原悠紀田郎先生に見ていただいたとき、事実関係の細かい指摘と共に、いっそのこと小説仕立てにしたらどうか、というアドバイスを頂きました。そうか、その手があったか、と片膝叩いたとき、「物語日本史」を思い出し、読み物ふうに書き直しました。流れの都合で本筋を逸脱したところもありますが、これも定芳流、と御寛恕下さい。

# 目次

題字　神奈川歯科大学名誉教授　中山義之

# 寺木だぁ！

明治・大正・昭和　三代を駆けぬけた歯科医

# 序章

あんたも物好きだねぇ。わざわざこっちまでやってきてこんな年寄の話を聞いてどうしようってぇの？　聞いた挙げ句にあっちへ帰れないなんて洒落にもならないやね。え？　タイムカプセルに乗って来たぁ？　まるで海野十三の世界だね。それ誰ですぅ？　『火星魔』だよ『火星魔』。それも知らない？　そうか、あんた若いから無理もないか。日本のＳＦの元祖だよ。ドラム缶みたいな気圧服に入った火星人がヒユウヒユウプクプクしゃべるなんて馬鹿馬鹿しいくらい面白かったがね。

まあ、それは置いといて、と。こんな爺ぃの繰り言が何か役に立つの？　フンフン。成る程。日本の矯正の歴史を調べてる？　フンフン。それで？　フンフン。寺木サンを置いては日本の矯正の歴史は語れないって？　あんた、若い割りに口が巧いねぇ。でもね、あたしゃそんなに真面目に矯正やってないよ。血脇さんとこで教えていたときも、雑談ばかしで講義が全然進まないってんで、しょっちゅう怒られていたからね。奥村クンがいなかったらとっくにクビだった。そんな爺ぃの言うことを真に受けて四角四面に何か書いたって誰も読んで呉れないよ。え、赤っ恥覚悟で参上しました？　こりゃ御挨拶だね。ま、いいや。あんたの気っ風が気に入った。あることないこと何でも話してやるよ。脱線しても知らないよ。え？　こっちも脱線しますからいいですって？　益々気に入った。これからもちょくちょくいらっしゃい。何ならずっとこっちに居たっていいんだよ。え、まだ死にたくない？　そりゃそうだったね。

で、何から話し始めようか。

「いい機会だから寺木の奴に鉄拳制裁を加えてやろうじゃないか、って雨天体操場で騒いでいる奴らがいるぞ」

中学の卒業式はさぼったのに、卒業祝賀会だけはしっかりと仕切って大成功。その余韻に浸っている定芳の許に、通報してくれる友人がいた。

騒いでいるのは同級生の中でも硬派と目される連中だった。仙台でも名前の通った「五柳園」を借り切って、あろうことか芸者まで付けて盛大にやったのがいけなかったらしい。金はあってもまるっきり力のない定芳は震え上がり、家に籠もってひたすらほとぼりが冷めるのを待った。それだけでは収まりがつかないと判断した定芳は、やがて尻に帆かけて地元から逐電した。

その逃げ方のスケールもまさに定芳流で、仙台から東京まで二七〇キロに及ぶ逃避行であった。今でこそ二時間もあればお釣りがくる便利さであるが、当時は特急でも一〇時間以上、人目を避けて切符を買い、列車が発車するまで待合室で蹲っている時間まで含めると気の遠くなるような長さだった。

しかし、所詮仙台にわだかまっている気はさらさらない定芳にとって、この事件は天から与えられた貴重な機会だった。地元のエリート校には合格を果たせず、とりあえずつぎの予定がなかったことも幸いした。

東京へ出た定芳は、安部磯雄のつてで、その頃無試験で入学できた早稲田(注1)の文科に潜り込んだ。しかし閑である。もとより学問をやろうなどとは毫も思っていない定芳は、一大決心をして、かねて私淑していた泉鏡花に手紙を出した。尾崎紅葉というつかえがそろそろとれかけた頃で、鏡花の名声は頓《とみ》に揚がっていた。当然といえば当然だが梨の礫である。しかしそんなことで引き下がる定芳ではない。懲りずに手紙を出しているうちに、「學校の御かへり途御よりなさるべく候」という待望の葉書が届いた。すっかり舞い上がって牛込區南榎町の鏡花宅へ伺候し、強引に弟子入りを果たした。明治三三年、数え年一八歳のときであった。橋本花涙という一番弟子がすでにいたので、〝泉鏡花の二番弟子〟を自認し、「花門」という名前が付いたのが定芳の自慢の種であった。頼まれもしないのに玄関番に任じたのは、師匠の泉鏡花が尾崎紅葉の玄関番として、終生のライバルとなる徳田秋声（注2）を追い払った顰《ひそ》みに倣ったためかもしれない。

鏡花の世話で〝花門作・鏡花閲〟の小説を地方の新聞雑誌にいくつか書いたりした。自作の小説が中央の雑誌『新小説』（注3）に一度だけ掲載されたこともあった。定芳は終生この師に尽くし、また歯の主治医として任じた。鏡花をよく知る人物として、評伝『人・泉鏡花』（**図1**）を武蔵書房から出したが、これは鏡花全集の月報に連載された「思ひ出話番町の先生」をベースに大幅加筆したもので、鏡花研究の貴重な資料である。戦時下で出版事情が極端に悪いなか、よくぞ世に出たもの、とその奇蹟を喜びたい。この本に序文を寄せたのが里見弴（注4）や久保田万太郎（注5）などの豪華陣で、定芳の交友関係の広さが偲ばれる。

（ⓒ日本図書センター）

**図1** 「人・泉鏡花」は，鏡花全集の月報に定芳が書いた「思ひ出話番町の先生」を大幅改訂のうえ，昭和18年9月5日，武蔵書房から刊行された。更に昭和58年12月25日，近代作家研究叢書18として日本図書センターから復刻版が発行された

さて、この鏡花にすすめられ、というか小説家として

立つのは無理と見透かされ、定芳は歯科医師になることを決意した、というのが話としては面白い。しかし、相手は定芳である。時に応じて別のストーリーを披露したりする。『日本歯科評論』の高津式《はじめ》との対談では、まだ中学の頃、定芳の家に出入りしていた女医さんに、「文学者になるより歯医者になれ、それもアメリカで勉強するに限る」と言われたことになっている。しかし、これも出来過ぎた話で、すんなりとは受け容れにくい。なにしろ日本での女医第一号(注6)が誕生したのは定芳が生まれた翌年のことであり、第二号はさらにその二年後と数少なかった。そのような希少価値の女医が、のんびり中学生の相手をしていたとは、にわかに信じがたい。のちの定芳の動きを見ると、初めのうちはそれほど歯科医に拘《こだわ》ってはいなかったからでもある。仙台の実家でもアメリカで文学修行に勤《いそ》しんでいるものと思っていて、帰朝したとき歯科医師になっていることが分かると、「そんなのお止しよ」と言われた。

(東京歯科大学百年史より)

**図2** わが国初の歯科医学教育機関を創設した高山紀齋

なぜ医師でなくて歯科医師なのか。このあたりの思考過程は凡夫には分かりづらいが、明治中頃の東京では高山紀齋(注7)(**図2**)を筆頭に歯科医師は栄耀栄華を誇っていたことも要因のひとつであったのか。

(注1) 定芳が入学した当時はまだ「早稲田」ではなく、「東京専門學校」と称した。「大學」に昇格するのは一九〇二年九月のことであったが、慶應と同様、すでに「大學」と呼ばれていた。なお、あの特徴ある帽子

は、ケンブリッジ大学を真似して、定芳在学中の一九〇〇年秋に制定された。

（注2）徳田秋声は一八七一年生まれで四高中退後一八九五年紅葉門下に入った。その二年前、紅葉の許を訪れたが、鏡花に紅葉は留守だと追い払われた。それかあらぬか、鏡花の弟・泉斜汀が秋声の経営するアパートで死去するまで、鏡花とはずっと不仲であった。遺作となった長編『縮図』は一九四一年から出版が始まったが、軍部の弾圧で未完に終わった。

（注3）「新小説」は一八八九年一月に春陽堂から発刊され、いったん廃刊されたが一八九六年七月に再刊された雑誌。尾崎紅葉、夏目漱石、泉鏡花など当時の一流文人が寄稿した。

（注4）里見弴は一八八八年生まれで、小説家の長兄・有島武郎、画家の次兄・有島生馬とともに有島三兄弟として有名である。定芳同様裕福な家庭に育った。学習院中等科を経て東京帝大英文科に入学したが途中退学し、大阪に移り住んだ。雑誌『白樺』に発表した作品を泉鏡花に激賞されたところが才能を見限られた定芳と異なる。学習院中学在学中に文学的影響を受けた志賀直哉（次兄・生馬の友人）とは、深い親交があった。

二七歳のとき、大阪の下宿先で知りあった芸者・山中まさと親の反対を押し切って結婚した。その経緯を書いた小説『妻を買ふ經驗』（文章世界）は大当たりした。六〇歳を過ぎてからの『極楽とんぼ』は戦後の里見を代表する作品となった。親友・志賀を八三歳のとき、妻を八五歳のときに失ったが、自らは九〇歳の天寿を全うした。

（注5）久保田万太郎は、一八八九年、袋物職人の子として浅草に生まれ、長じて慶應義塾に学んだ。二七歳のとき、親友・大場白水郎の養女・京と結婚し、長男・耕一を儲けたが、放蕩が祟ったか、四六歳のとき、妻・京に睡眠薬自殺された。小説や脚本を書く傍ら、松根東洋城に師事して俳句作りに励んだ。一時的に評判となった『春泥』などの通俗小説より、本人は手すさびと思っていた俳句の方が評価が高かった。俳句ではないが、稀音家浄観が曲を付けた長唄『都風流』には「吉原は拍子木までが嘘をつく」の名文句がある。

一九四六年三宅正太郎の媒酌できみと再婚した。皮肉にも、長男死去の一九五三年、文化勲章を受章し、押しも押されもせぬ文壇の大御所となったが放蕩は収まらず、湯島の本宅から逃げ出して、赤坂の別宅でそれ者あがりの三隅一子と長らく住んでいた。一九六三年五月六日、市ヶ谷の梅原龍三郎邸で寿司をのどに詰まらせ、あっけなくこの世を去った。享年七四歳。

（注6）一八八四年九月、四人の女性が初めて医師開業試験を受け、荻野吟子のみが合格した。荻野の受験には石黒忠直の

尽力があった。一八八六年一一月には生澤くのが合格した。

（注7）高山紀齋は、一八五〇年岡山で生まれ、一九歳で上京して、当時芝新銭座にあった慶應義塾で英語を学んだ。のちに日本で初めて「歯科」の免許を取ることになる小幡英之助も同じ年に慶應義塾に入っている。紀齋は三年後の一八七二年に渡米し、サンフランシスコに滞在中、耐え難い歯の痛みを劇的に止めてくれた歯科医師ヴァンデンボルグに心酔し、その門に入った。歯科治療術を会得した紀齋は一八七八年帰朝し、銀座で開業して成功した。貴顕の訪い引きも切らず、門前には馬車が並んだという。また、宮中からも召し出され、日本で初めての本格的な歯科医学校である高山歯科醫學院（現・東京歯科大学）を設立し、これも成功した。もっとも定芳が鏡花の門に入った頃には学校を弟子の血脇守之助に譲り、臨床の傍ら、雑貨輸入や山林経営も手掛けていた。

# 第一章

## 生い立ち

定芳は一八八三年二月一八日、仙台で生まれた。幼名を〝甫《はじめ》〟という。姉が三人いたが、男は定芳一人である。

いささかややこしいが、父親の名前が〝定芳〟で、その死後、甫が定芳を継承した。仙臺人名大辭書によれば、父親は宮城県の官吏（六等屬）から早川智寛が創設した建設業「早川組」(注8)に入り、各地の鉄道敷設工事に従事した。のちに独立して仙台に本拠を置き、東北六県から北海道にかけて広く建築請負業を展開した。主に軍部や官庁からのいわゆる公共事業を押さえ、奥羽地方の建物、橋梁などの大工事の多くを手掛けたため、数年にして巨万の富を手にした。「大倉組並の地方財閥だった」という定芳の話もあながち誇張ではなかった。仙台駅前に建てた陸奥ホテル(注9)は寺木組の代表的な建物であった。自宅は埋もれ木を用いて建てるなど、贅を極めた。店の規模も大きく、東四番丁二七（現・青葉区中央四丁目）には寺木横町という名称が戦災を受けるまでは残っていた（図3）。ほかにも、折に触れて官物払い下げには積極的に手を出し、土地建物を買い込んだ。宮城学院沿革に、「一九〇二年三月八日、（火災により）校舎全焼。市内片平丁六九番地、寺木定芳氏所有家屋を仮校舎として借り受け…」とあるのは、移転後の役所の土地・建物を確保してあって、これを提供したものである。

**図4**　横浜・山手のヘボン館跡には記念碑が建っている

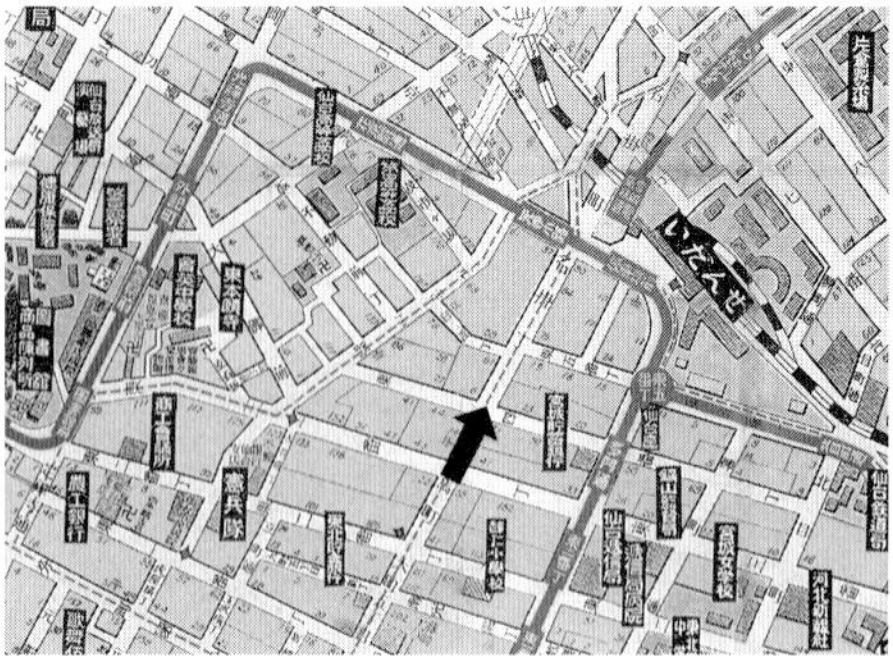

(ⓒ塔文社)

**図3**　定芳の生家は仙台駅に近い「東四番丁二七」にあった

定芳の父親が建築業に携わるきっかけについては、面白いエピソードがある。福井県に住んでいた若い頃、風呂屋で淋菌が目に入って、風眼になった。今は考えられないことだが、当時の銭湯は決してきれいとは言えず、洗い場にべた座りしていた幼女が、隣のカランから流れてきた流し湯で、梅毒に感染した、などという例もあった。

父親は福井県からはるばる横浜のヘボン医師(注10)を訪れ、入院して治療して貰った。結果として片目は失明したが、一眼は助かった。このヘボン医院での治療費の払い方が一風変わっていて、懐の豊かでない若い者には種々の仕事を紹介し、その上がりで治療費を賄わせた、と定芳は書いているが、実情はちょっと違うようである。

ヘボン式ローマ字で有名なヘボン（**図4**）は実は宣教医で、日米通商条約締結を機に日本にやってきて、神奈川の成佛寺で施療を始めた。一八五九年、四四歳のときであった。伝統的な漢方医療に見放されたり、貧乏で医療の恩恵に浴せなかった庶民が、それまでの日本の医療レベルとはかけ離れた最新の治療を、しかも無料で受けられるのであるから、評判にならないはずがない。ところが神奈川奉行から横槍が入り、横浜居留地に移転した。これが一八六三年、明治維新まであと五年のことであったから、定芳の父親が治療を受けたのはこの居留地であったと思われる。

ここから分かるように、ヘボンの治療は施療であり、貧富の別なく、医療費は受け取らなかったのである。どうしても医療費を支払うというひとには、長老派教会への寄付を依頼した。定芳の父親もこの恩恵に浴し、よほど気に入られたのか、手に職まで付けて貰った。それが建築技術で、当時としては最先端を行くものであったので、官吏から転身して早川組に入っても、容易に頭角を現すことができたのであろう。

（注8）早川組の創立者・早川智寛は小倉・小笠原藩の出で、伊藤博文や井上聞多たちに誘われて長崎に行き、蘭学を学んだ。明治維新ののち、宮城県に職を得、かつて横浜でドイツ人の技師から習得した土木技術で、土木課長になった。明治二〇年頃独立し、鉄道を敷設するなどで莫大な利益を上げた。災害で家族を亡くすなどの苦労はあったが、後年は仙台市長を務めるなど、地域の振興に尽くした。後添いとの間に設けた早川種三は、興人をはじめ多くの会社の再建で名を上げた。地方から出て、役人生活を経て独立し、土木事業で成功するなど、定芳の父親は早川の足跡をなぞった観がある。

（注9）陸奥ホテルは日本鉄道株式会社が寺木組に発注して建設したものである。その後日本鉄道株式会社は仙台駅北側に純和風の旅館を建て、これを「陸奥ホテル」と称した。旧陸奥ホテルは青木助三郎が買収し、陸奥別館青木ホテルと名付けた。『日本美の再発見』の中で桂離宮を世界に紹介したことで知られるドイツ人建築家ブルーノ・タウトはこのホテルを愛したひとりであった。なお、このホテルは戦災で焼失し一九四六年、「青木ホテル」として再興する。朝日新聞には「戦後の焼け跡の中で数少ない文化の香りのする建物だった」と書かれた。一九六〇年に改築され、名称も「仙台セントラルホテル」と改められた。一九七五年には移転して、「ホテル仙台プラザ」となっている（この項、主としてホテル仙台プラザのホームページに拠った）。

（注10）このヘボンという名前、「ヘボン」と当時の日本人には聞こえたらしいが、実は『ローマの休日』で有名な映画女優と同じヘッバーンというのが正しい。この言い方は本人も気に入って、のちに自らも「平文《ヘボン》」と号した。最も得意とし

たのは眼科だったが、外科でも敏腕を発揮した。一八六七年、脱疽に罹った歌舞伎の女形・三世澤村田之助の足を切断した様子は錦絵にまでなった。田之助は、傷が癒えて後、義足で舞台に復帰している。

ヘボンは語学に天賦の才があった。若い頃、ジャワ、シンガポールから厦門と、宣教医として活躍する傍ら、中国語をマスターした。来日して八年の一八六七年四月、在日外国人向けに『和英語林集成』を作った。この際、日本語をラテン語で表記するために開発されたのが、いわゆる「ヘボン式ローマ字」である。もともとの目的は外国人に日本語を理解させようと上海で出版されたものであったが、日本人がこれに飛びつき、出版も第三版からは丸善が受けもった。始めに発行された語数約二万語に及ぶ上海版のカタカナは、ヘボンの患者であった岸田吟香に担当させた。岸田は日本一の雑誌記者と呼ばれた文筆家で、『麗子像』で有名な画家の岸田劉生はその四男である。

横浜居留地に移ってまもなく、ヘボンは英語教育のための「ヘボン塾」を作った。ここで英語を学んだなかには、高橋是清ら、歴史に名を残す人も多い。この塾が母体となって、のちに明治学院大学ができた。抜群の語学力を駆使して、一八八〇年四月に『新約聖書』、一八八七年一二月には『旧約聖書』のそれぞれ日本語版を完成させた。これより前の一八七四年九月一三日、ヘボンのもたらした長老教会は「横浜指路教会」を創立した。一八九二年、ヘボンの尽力により、横浜市中区尾上町に赤煉瓦の教会堂が建てられ、今もその姿をとどめている。

八面六臂の活躍だったヘボンも体力の衰えを感じ、滞日三三年でニュージャージー州イーストオレンジに隠棲した。一九一一年九月二一日に九六歳で亡くなったその日、明治学院の図書館から出火し、全焼した。

## 少年期の寺木家

定芳の母親よしは江戸は新富町生まれの粋な人で、家では江戸弁しか使わせなかった。仙台で生まれ育った定芳にあまり訛りがなかったのはこのためである。

父親には広い人脈があり、一八九二年に創刊された『東北日報』(注11)という新聞の社主とも昵懇であった。早熟で、秀才肌であった定芳は、仙台二中の頃、中学生の分際で、この新聞に「都文」というペンネームで、二年ほど小説を連載した、と『日本歯科評論』の「十代を語る」に書いている。いずれも鏡花調紛々たるもので、自信作は『悪因縁』という長編であった。(注12)のちにこれらをまとめて自費出版したが、まるっきり売れず、友達に配ってチョン、という落ちまでついた、と自嘲している。ところが宮城県図書館でマイクロ化された『東北日報』を目を皿のようにして探しても、該当する連載小説は見当たらなかった。これは一体何なのであろうか。一筋縄ではいかない定芳の片鱗、とひとまずは解釈しておく。

中学三年の一八九八年元日、父親がチフスで急死した。(注13)働き盛りの五二歳であった。大黒柱を失った寺木組は上を下への大混乱に陥った。しかし当時は長子相続(注14)の時代である。中学生の定芳が家督相続して当主となった(**図5**)。といって何ができるわけでもない。母親が後見人に座り、手練れの番頭たちが店を切り盛りすることになる。商売柄気っ風の良い若い者がわんさといる。「若大将」、「若大将」とおだれられて紅灯の巷に誘い出され、酒は飲む、芸者は買う、と分不相応な遊びを覚えるのに時間はかからなかった。学校には一週間に一度行けばよい方で、たちまちのうちに秀才は凡才と化し、二高受験(注15)に失敗して惨めな思いをする。それでも一度覚えた遊びは忘れられない。この時期にしっかり植えつけられた遊び心が冒頭の逃走劇につながる。

（寺木正方氏提供）

**図5**　少年期の定芳

（注11）東北日報は一八九二年二月一五日に印刷業・秋葉忠七によって創刊された。かなり政治色が強かったが、発行部数三、〇〇〇部と東北でも二番目の大手に育った。しかし徐々に経営が悪化し、一八九七年一月一三

日、一、四八〇号をもって廃刊された。その後を受けた河北新報は一月一七日に発刊され、政治的には中立を保って今日に続いている。社主だった秋葉はその後東京に出て、一九二一年に歿した。

（注12）ペンネーム「都文」は都々逸文学のもじりであり、小説『悪因縁』は、芸者も出ればお化けも出る、というサービス満点の代物であった、とは本人の弁。

（注13）急激な都市化のあおりで、当時のわが国の衛生状態は、お世辞にもよいとは言えなかった。例えば一八九三年には東京で腸チフスが流行し、罹患者一、八九六人中六八五人が死亡した。その二年後、腸チフスは全国に広がり、以後毎年のように多数の死者が出た。定芳の父親もこの流行に巻き込まれたのであろう。

（注14）一九四六年まであった旧民法では、当主が老齢や病気などで家長を子供に譲るとき、隠居届けを出し、長男が家督相続する旨、戸籍簿に記入されることになっていた。次男以下は他家へ養子に入るか、一生部屋住みが普通だった。養子に行けば行ったで、「小糠三合あれば養子に行くな」の待遇が待っていることも多かった。意欲と才覚と運があれば、一家を構えることもできたが、これは希有な例で、いずれにせよ長子とは雲泥の差があった。

（注15）昔の教育制度で存在した官立の高等学校の一つ。一八八六年に一高（東京）と三高（京都）、翌年に二高（仙台）、四高（金沢）、ならびに五高（熊本）ができた。あとは間隔が開いて、一九〇〇年に六高（岡山）、その翌年に七高（鹿児島）、一九〇八年に八高（名古屋）ができ、ナンバースクールと呼ばれた。ほかに、山口、新潟、松本、松山、水戸、山形などに官立の高校が作られた。これらへの入学試験は厳しかったが、帝國大學への進学は、定員内であれば無試験だった。

まるで『坊ちゃん』ですね、って？　吾輩は鏡花派だから、漱石の真似をしたわけじゃないが、立つ鳥跡を濁ごしたところや、生まれつきのオッチョコチョイなところはよく似てるかも知れんね。『坊ちゃん』は東京へ舞い戻っておしまいだが、吾輩の話はこれからが長い。その長話のはじまりはアメリカだ。アメリカっていえば、大統領がポンポン暗殺されるって聞いていたんで、ウン、そうそう、リンカーンから始まって、畳の上で死ねないのが多いな。だから野蛮国だと思っていたんだが、いろんな人の話からそうでもないことが分かった。何と言っても「自由」というのが気に入ったね。ま、多少は勝手に解釈していたところもあったがね。

## アメリカへ

師匠の鏡花から歯科医になれと勧められたとき、日本国内ではすでに、高山歯科醫學院が東京歯科醫學院と名を改め、歯科教育機関としての地歩を固めていた。きちんとしたカリキュラムに則《のっと》って歯科医学を履修し、文部省の検定試験（「文験」）に備えることができたのである。のちに教育機関のいくつかは「専門學校」に昇格し、さらに文部省の指定を受けて「文験」免除の特典を得るようになる。指定自動車教習所を卒業しても学科試験を科せられるが、歯科の「指定」は卒業イコール歯科医師という仕組みであった。

これとは別に、歯科医院に住み込んで書生をしながら勉強し、知識と技術を習得して検定試験を受けることもできた。院長の横に立って、コップを取り替えたり、足踏みエンジンのペダルを漕いだりしているうちに、歯科の技術を身につけていったのである。ただ、自学自習の悲しさ、理論に弱い。そのため、東京齒科醫學院の講義録は売れに売れ、学校経営に大きく寄与した。この講義録が定芳に災厄をもたらすことになるが、それはのちの話である。

法体制が未熟なときに便宜的に施行されるのが「特例」である。明治から大正にかけて、外国の教育機関が発行する卒業証書を携えて帰国すれば、ほぼ無条件で開業免許が下りた。国内での「文験」の合格率が一〇パーセントにも満たなかった時期に、これは大変な特典である。歯科の先進国であるアメリカで、しかも当時の日本の歯科教育では考えられなかった大学教育を受けてきたことが高く評価されたのであろう。アメリカ帰りのドクターということで、多少の揶揄もあったが「アメドク」と呼ばれ、華やかな存在であった。ハーバード大学卒の伊澤信平、ペンシルヴェニア大学卒の一井正典《まさつね》などは「文験」の委員も兼ね、押しも押されもせぬ権威となった。開業すればその看板に麗々しく「ドクトル」と書き添えるので、世の尊敬の的となった。

派手好きの定芳はこれにも目をつけたが、実際にはそんなに腰が据わっていたわけではなく、金に余裕があるから何年か外国で遊んでくるのも悪くないな、程度であった。文学への未練も勿論あった。そして行き先は、どうせなら早稲田で身につけた英語を使えるところ、と定めた。

それから定芳の情報収集が始まった。早稲田入学で世話になった安部磯雄、神田でアメリカ留学の世話をしていた片山潜(注16)などの話が参考になった。しかしこの頃の外国通を自称するもののうちにはかなり胡散臭い手合いもいた。滞米年数を誇る男が実はアメリカで貧困生活を続けていた人間だったので、金持の定芳にはまるで参考にならなかった、などという滑稽譚もあった(注17)。しかし、こんなことでへこたれる定芳ではない。かき集めた紹介状は文学、医学、はては工学にまで及び、傑作なことにニューヨークの俳優学校宛のものまであった。

出発が近くなった頃、亡父の知り合いで内務次官だった松平正直の紹介で、福井出身の高島多米治の診療所に出向いた。京橋區南鍋町、今の西銀座六丁目という一等地にある二階建ての瀟洒な洋館で、通りに面して診療室、奥が住まいという構えであった。

高島多米治は長い滞米の間にメリーランド大学の医学部と歯学部を卒業し、試験に合格して開業していた。高島の兄が伊藤博文の秘書をしていて、偶々伊藤がニューヨークに行ったとき、話を聞いて無理矢理日本に連れて帰った。その経緯があるので伊藤が後ろ盾となり、官財界の一流どころを患者にした。もちろん腕も確かで、東京でも一、二を争う技術を誇った。そこに目を付けたのが中原市五郎で、定芳がまだアメリカをうろうろしていた一九〇七年、共立歯科醫學校から名前を変更したばかりの日本齒科醫學校（現・日本歯科大学）へ招いた。開業しながらはじめは学外講師、ついで教授、のちには終身理事となった。確か肖像画が大学に残っているはずである（**図6**）。

（日本歯科大学60周年誌より）
**図6**　高島多米治（油彩）

訪ねていった高島家でひとつの偶然が待ち構えていた。玄関に現れた新婚の奥さんが「あらハジメさんじゃありませんか」と目を丸くしたのである。何とこの奥さん、定芳の故郷の多額納税者の娘で、子供の頃からよく知っていたのである。出発が間近だったので、二度ほどしか訪問できなかったが、その都度下にも置かないもてなしを受け、やはり歯科医生活も悪くないな、と思った。そこで高島からメリーランド大学歯学部への紹介状を貰った。

草臥れ儲けは早稲田の卒業証書である。どうせ留学するなら、早稲田の卒業証書を貰ってからの方がよい、と勧める人がいた。思い立ったらすぐさま実行に移す定芳は春まで待てない。大学の事務局に相談すると、翌年三月までの費用を払えば一二月卒業という略式証明書を発行できるという。誠にのんびりした時代であった。ところがこんなにまでして持って行ったのに、アメリカに着いてみると、中学の卒業証書だけで十分なことが分かった。

（注16）片山潜は、社会改良事業の一環として、神田三崎町にキングスレー館を設立した。若者のアメリカ留学の世話もその事業の一部だったのであろう。片山の本来の目的は労働運動を盛り上げることで、一八九七年一二月には雑誌『勞働世界』を創刊し、主筆に納まっている。翌年には「勞働組合期成會」を作って団体行進させたり、「貧民研究會」を結成したり、一九〇一年には「勞働者懇親會」を催すなど、労働者の意識向上を図ったが、当局の厳しい取り締まりにあった。特に、幸徳秋水らと作った「社會主義研究會」は睨まれた。したがって、同年五月に幸徳秋水や安部磯雄らと結成した「社會民主黨」は即日禁止される憂き目にあった。仲間の幸徳秋水は一九一一年一月に大逆事件で死刑になったが、懲りずに藤田四郎らと同年一〇月に「社會黨」を作り、二日後の一〇月二七日には結社禁止令で解散させられた。身辺がきな臭くなった片山は一九一四年九月にアメリカへ亡命した。こんなところへ出入りしていた定芳が当局の目にとまらなかったのは僥倖というほかない。

（注17）定芳はのちにつぎのように書いている。すなわち、「滑稽な事は話す人々によって大概話が違ってゐた、頗る滑稽だったのは在米一五年と自稱する人に紹介されて遇って見ると微に入り細に亘り詳細を極めたものだつたが、其の中に毛布は上等のを澤山に仕込んで行けといふので、わざわざ横濱の近榮まで行って（當時はさうした舶來物は東京より横濱の方が本場だった）五六枚仕込んだ、是が渡米後一二年で屑屋に賣つて了ふまで引越の度々に邪魔になつてひどい目にあつた。ホテルは勿倫、下宿でも皆ベットに厚々とした毛布が充分に備へてある。其の人は滞米一五年、加州あたりのアメゴロで木賃ホテルばかり泊つてゐたらしいので毛布なんか無論無い木のベットか何かのへ泊り歩いてゐたらしか

った。」

## アメリカには着いたものの…

渡米した定芳は暫くの間あちこちうろうろした。闇雲に海を渡ってはみたものの、入学時期はずっと先だったからである。これが定芳らしさといえばそれまでだが、とにかく行き当たりばったりは生涯続いた。

びっくりしたのは、定芳の喋る日本仕込みの英語がおよそ通じなかったことである。あわてた定芳は暇つぶしの遊びのなかで、せっせと修正に励んだ。貧乏には全く縁のない境遇なので、気楽なものではあった。

あれこれ考えた挙げ句、ある法律家から貰った紹介状で、とりあえずエール大学の文科へ入った。あわよくば、とまだ文学にこだわっていたのである。その証拠に、使うことはなかったが、セントポール大学の文科への紹介状もしっかり貰ってあった。ところが、入ったまではよかったが、未熟な語学力では早口の英語が殆んど分からず、講義内容が面白くないせいにして、さっさと退学してしまった。

気まぐれ定芳は、金に困っているわけでもないのに、もうけ話を探し始めた。犬棒カルタ式に行き当たったのが飲み物屋であった。その頃アメリカではソーダフアウンテンという飲み物屋が流行っていた。定芳は、日本に帰って銀座あたりにこの手のしゃれた店を出してやろう、と企んだのである。(注18) これはドラッグストアなので、薬剤師の資格が必要となる。そこで定芳はメリーランド大学の薬学部に潜り込んだ。ところが肝腎の化学が大の苦手ときていたから、六か月くらいでギブアップ。観念して歯学部に入ることにした。ここでは高島から貰った紹介状がものを言った。下宿まで高島と同じところだった。時期もよかった。時あたかも一九〇四年、大国ロシアに挑んだ日露戦争で、東洋の小国日本がかくかくたる戦果をあげつつあった。日本に対する興味は頓《とみ》に高まり、人口百万のボルチモアで唯一人の日本人定芳はどこに行ってももてた。ロシアに虐げられ続けた歴史のあるユダヤ系（注19）からはとくにもてた。

こうして始まった大学生活は、定芳にとって、極楽にいるようなものであった。当地に来てみて分かったことだが、帰朝して「留学生でござい」などと熱を吹いている手合いも、大抵はかなりいい加減な生活を送っていたようであった。もちろん定芳もご多分に漏れず、でメリーランド大学（**図7**）での学生生活は酒とダンスと女に明け暮れる日々であった。それでいて全員お情けで卒業し、忝なくも絹製の卒業免状を頂き、州の開業免許まで手にすることができた。

この夢のような生活の中で、定芳が再三語っているのが「入学儀式」とフラタニテーへの「入社儀式」についてである。

（寺木正方氏提供）

**図7**　メリーランド大学で

（注18）一九〇二年七月七日、資生堂が銀座にアイスクリームとソーダ水の店を出し、ソーダ水製造器がアメリカ製であることを強調した。定芳は個人でこの二番煎じを狙ったのであろう。

（注19）ポーランド分割でロシア領となった地域のユダヤ人は徹底的に迫害された。そのため、ロシア憎さは民族間に浸透した。日本がロシアに戦いを挑んだとき、戦費がなく、国債を発行した。ところが、ヨーロッパではどの国も日本が勝つとは思わなかったので、買ってくれなかった。わざわざ英都ロンドンまで出向いた高橋是清に救いの手を差しのべてくれたのはユダヤ系のアメリカ人大富豪だった。戦いの帰趨には関係なく、ただただロシア憎さに突き動かされた行為だったのであろう。もちろんかなりの高利はつけられたが、戦費調達に手こずっていたわが国にとってはま

さに干天の慈雨だった。

ユダヤ人がどのくらい迫害されたかを紹介する新聞記事がある。定芳の赤坂時代の朝日新聞で、「悲惨な虐待虐殺の歴史」を八杉貞利が語っている。それによれば、ロシアでユダヤ人の虐待虐殺が始まったのは一九世紀に入ってからで、一八八一年にはドイツでの政策を導入して状況は更に悪化した。理由の一つは宗教の違い、次いでロシアの経済を握られたこと、第三に酒の一手販売に対するひがみ、などで、これらが相俟ってユダヤ人憎しの風潮が盛り上がったようである。迫害は、居住および旅行の制限、商権剥奪、進学制約、など多岐に亘った（朝日新聞一九一七年三月二二日五面二段抜き）。

あんた大学に入ったとき、上級生から熱烈に歓迎されたかね。クラブの新人歓迎会でビールをしこたま飲まされて救急車の世話になった？　まあ日本じゃその位が関の山だろうが、吾輩が入った当時のアメリカではそんな生やさしいもんじゃなかった。ヘージングと称して、半年以上も前から趣向を凝らして、新入生を扱《しご》く計画を立てるんだな。一生忘れられないような烙印を押すってんだから、変態じみている。下宿の親爺に聞かされたんだが、その悪ふざけが度を過ぎて、アナポリスの海軍兵学校のヘージングでは死人まで出た、ってんだから恐れ入谷の鬼子母神だね。前の年のことだったんだが、鉄道線路に新入生全部を縛り付け、汽車が来る寸前に縄をほどいて土手の下に放り投げようとして間に合わず、運悪く轢かれたやつがいたわけだ。流石にこの学校、以後ヘージング禁止になったのも無理はないやね。しかしこれも、二年生の時に入った秘密結社サイオメガの入会儀式に比べれば…。



## 入学儀式という名のシゴキ

九月も半ばを過ぎ、そろそろ授業に慣れ始めた頃、いつものように出校した定芳の目に、大きく「フレッシュマンは広場へ集合」という掲示が映った。行ってみるといろとりどりの服装の新入生が、がやがやと集っている。小一時間も待たされただろうか、突然地下室から二年生が二、三〇人出てきて、地下室へ引っ張って行かれた。こゝで全部上着を裏返しに着せられ、靴下をぬがされて素足に靴を履かされた。ズボンは膝の上まで捲り上げさせられるという珍妙な格好ができあがった。そして素肌には有無を言わさず色とりどりのペンキを塗ったくられた。頭にはクリスマスパーティなどで使用するおもちゃのとんがり帽子をかぶせられた。

おしゃれでは人後に落ちない定芳が聊《いささ》かげんなりしているところへ、いきなり「テラキ」と呼ばれた。びっくりして進み出ると、「お前が先頭だ」と立たされ、腰縄を打たれた。そのうしろに新入生が、護送される囚人さながら、一メートル間隔で数珠つなぎにされた。

行列は二列で、もう一方の先頭にはロシア人のローゼンバーグという新入生が配され、先頭の二人の右手と左手とがしっかりと結びつけられた。二人の首からかけられた木の板には、大きく「日露は遂に同盟せり」と書いてある。

この頃、アメリカのルーズベルト大統領の仲介で、ポーツマスで日露講和会議が行われていたが、互いに腹の探り合いで、議事は遅々として進まなかった(注20)。定芳一年のヘージングはこれに引っかけたものであった。

この行列が大学の門を出て、さしずめ銀座のような町中の目抜き通りをを練り歩く。その隊列のうしろを、前の年に散々いびられた二年生が、まるで江戸の敵を長崎よろしく、気持よさそうに、荷馬車で続く。

市民の方も毎年のことで、楽しみにしている趣があって、沿道は多くの人出でお祭り騒ぎ。時機を得た趣向もうけて、その日の夕刊から翌日の朝刊にまで大々的に取り上げられた。喋った覚えのない日本人テラキの米国観まで掲載される始末だった。

三時間ほど引っ張り回されてたどり着いたところはボルチモア歯科医学校(注21)で、あわよくばここの新入生と乱闘させたかったようだ。しかし毎年の騒ぎを苦々しく思っていた警察が待ち構えていて、解散を命じられ、先輩の思惑は見事にはずれた。

それからクリスマスまで、ことあるごとに「フレッシュマン、フレッシュマン」とこづき回されたが、年が明け、親しい友人もできる頃（図8）になると同等に扱われるようになり、四月頃には次のヘージングのための委員会ができ、講義そっちのけで奇抜で印象的な案を練ることになる。

歯学部に入ってからも作家志望の情念を捨てていなかった定芳は、この入学儀式の経験をヒントに一編の小説を書いた。鏡花の許に送られたこの短編小説は、一九〇五年の『中學世界』（注22）（博文館発行）八月号に、「狂言」と題して掲載された。

（寺木正方氏提供）

**図8**　大学時代に学友と

定芳の著書『人・泉鏡花』の解説で、村松定孝は、「署名は泉鏡花になっているが、末尾に小さく（寺木生）としてあり、これは明らかに定芳の創作と考えてよいであろう」と保証している。内容は入学儀式をなぞったようなもので、日露戦争の最中、連戦連勝の日本軍の活躍を、アメリカの学生たちから褒めそやされた日本人留学生が、ロシアの留学生の手をとって、やがて両国は同盟国となることを誓い合う、という大時代的な代物であった。掲載された翌九月、日露講和條約はめでたく調印された。

なお、滞米中も定芳はこまめに師匠との書簡の交換を

（寺木正方氏提供）

**図9**　アメリカから泉鏡花へ送った葉書。「牛込區神樂町二丁目二十二」とあるので，鏡花の住まいは神楽坂を登り始める右側の一角であることが分かる

しており、鏡花の歿後、すず夫人から返却された滞米中の定芳のポートレートが存在する（**図9**）。

（注20）明治時代の指導者は日本の現状をよく理解していた。このあたりが太平洋戦争で突っ走った昭和の指導者と違うところである。ロシアとの開戦と時を同じくして、明治政府は吉野堅太郎をワシントンに派遣して、ロビー活動を開始した。かなりの金を使ってパーティを催し、関心を惹くことに成功した。これがポーツマスでの和平交渉を実現させた。バルチック艦隊を殲滅し、奉天大会戦に勝ちを収めはしたが、ここまでが日本の国力の限界で、この機を失うと、陸路駆けつけた圧倒的なロシア軍に蹂躙されかねない危険があった。外相・小村壽太郎は手の内を見せずに、したたかなウィッテ相手に、兎も角和平の道筋をつけ、日本の滅亡を救った。象牙の塔に籠もっていて国力の相違が理解できなかった東京帝大の法科大学教授・戸水寛人ら七人は、まず開戦を煽り、講和で弱腰だったと小村寿太郎を非難し、日比谷焼き討ち事件の原因を作った。戒厳令まで発布される事態に業を煮やした文部省は戸水を休職させ、ついには山川健次郎総長の辞職、久保田譲文部大臣の辞任を見るに至った。

（注21）ボルチモアには歯科の教育機関が三校あった。そのひとつはボルチモア歯科医学専門学校で、一八三九年に創立されたアメリカで最古の歯科教育機関である。これが多分、定芳らを殴り込ませようとした学校で、二〇世紀に入ってメリーランド大学に吸収された。そのメリーランド大学歯学部は一八八二年に創立され、今に続いている。一番若いのがボルチモア医学専門学校歯科部で、一八九五年の創立である。

（注22）『中學世界』は一八九八年一〇月に創刊された雑誌である。

## 秘密でない秘密結社

秘密結社と聞くと、何となくおどろおどろしい感じがするものである。秘密のベールに包まれているから秘密結社なのだろうが、その存在も定かでないフリーメーソンや、黒人排斥を旨とするＫＫＫ団などとは異なり、学生の秘密結社は他愛ないものである。仲間であることを示す秘密めかした握手の仕方はあるものの、襟元にはメンバーであることを示すルビーや真珠をあしらったバッジを付けているからすぐ分かってしまう。ただ、このバッジの威光はあらたかで、町中でのもて方もただごとではなく、定芳にとっては興味津々の存在ではあった。しかし、その入社儀式は、学生気分でやられるので、いささか過激だった。

定芳が在籍したメリーランド大学の歯科には、念の入ったことに、秘密結社が二つあった。ザイサイフアとサイオメガである。これらがアメリカ全土の歯科大学に連絡している。一つの大学で学生定員三〇人がきちんと守られ、卒業などで欠員が出ない限り補充しない。当然、会員になるための自薦他薦運動は激烈を極めた。秘密結社だから目くじらたてても仕方がないが、人種差別も相当なもので、ユダヤ人やシナ人は入れて貰えなかった。

定芳が二年生の時の一月なかば頃のある夕刻、寒さに珍しく下宿に閉じこもっているところへ級友が二、三人ドヤドヤと入ってきた。いきなり手を握って振り廻しながら、サイオメガから招待状がきた、と言う。わが定芳先生、聞いたとたんに舞い上がってしまった。かねてから憧れていたサイオメガに入れて貰えるのであるから無理もない。頬はゆるみっぱなしとなり、かろうじて入会儀式の日時だけは耳に入れることができた。

我に返って聞き直してみると、今年入会予定は定芳を入れて三人で、入会金五〇ドル、バッジ代五〇ドルを用意し、途中で出そろったら本部へ赴く、ということであった。

鶴首して待ったその夜、雪は降ってはいなかったが、往来には何十センチと積っていた。雪を踏んで近所の級友の所へ行くと、そこにはすでに五、六人のメンバーが待ち構えていた。入会費用合計一〇〇ドルの領収書を貰うと、もう一枚紙切れを渡されて、それに署名しろと言う。見るとお定まりの誓約や規則書みたいなもので、秘密厳守からはじまり、会員相互の親密さは親兄弟に勝る、などということが書いてある。そこまではよかった。その下の方に、これから行われる入会式において、たとえどんな肉体的精神的損傷を受けても、これに対して法的手段に訴えるとか損害賠償を要求したりしない、というようなことがさりげなく書いてあった。

フラタニティーの入会儀式は、どこかの新興宗教よろしく、イニシエーションと称した。とにかく秘密厳守なので、何をされるか全く分からない。たかが学生のやること、前の年にやられたヘージングと似たり寄ったりの程度だろう、と定芳流に解釈し、あっさり署名してしまった。その瞬間、二、三人のメンバーと覚しき面々が矢庭に定芳を取り巻いて素早く白い布で完全に眼隠ししてしまった。絶対に自分で取ってはいけない、入会前に本部の場所を知られるわけにはいかないから、というのがその理由であった。

左右二人に両手をしっかり掴まれた状態で戸外に出た。鬼ごっこで目隠し鬼にされた経験のある人は分かるだろうが、何にも見えないと、人間ついへっぴり腰になる。それだけでも不格好なところへ、いきなり身体を回され、あっちへふらふらこっちへふらふら。通行人は面白がって大笑いする。次にはいきなり雪の中へ突き飛ばされる。これを二、三回繰り返したら、今度は電車に乗せられた。ここでも、その格好が面白い、と乗客から大笑いされた。ものの二、三〇分も引っ張り回されると、酷寒の夜でも汗ぐっしょりになる。大汗をかいて階段を引き上げられたところが本部で、そこでようやく椅子に座らせられ、目隠しを取ってもらった。イニシエーションはすでに始まっていたのである。

ひと息ついた定芳は、今度は一糸まとわぬ裸にされ、再び目隠しをされて万雷の拍手で隣室に連れ込まれた。そのあと、電気は通されるわ、独楽《こま》のように廻されて突き飛ばされるわ、腐ったチーズを食わされるわ、挙げ句の果てに小便まで飲まされた。腐りかけの生牡蛎《なまがき》を口の中に突っ込まれた時には、吐き気を催すとともに気が遠くなった。それを待っていたかのように机の上に寝かされ、陰毛を刈り取られてしまった。そこへ定芳のイニシアルS・Tがアルコールの多いヨードチンキで書かれ、マッチで火をつけられた。流石の定芳も我慢はここまで、完全に人事不省に陥った。このやけどの跡は何か月も残った。前にやられた学生は麻酔なしで歯を一本抜かれたというから、まだ被害は少なかったが、冗談も過ぎる感じは拭えない。

気がつくと、シャツもズボン下もちゃんと着せられていて、ブランデーを振る舞われ、身支度が調ったところで、会員勢揃いの広間に案内された。会長（グランド・マスター）が厳かに正面に座を占め、三人の入会宣誓ののち、ビールとサンドウイッチ付きの宴会に移り、これで定芳も晴れて会員となることができた。

東洋人の定芳がなぜサイオメガに入会できたのか。丁度この頃、ポーツマス講和で、一応日本がロシアに勝利したことになり、アメリカ国内で日本に対する好奇心が沸き起こってきていた。それに加えて、ボルチモアで唯一人の日本人定芳は、持って生まれた性格で、臆することなく飲み回り遊び回っていたので、厭でも目立つ存在だった。あいつ毛色が変わっているから入れてみるか、といういわば結社幹部の気まぐれのなせる業であったろう。日本人では、ほかに同じ頃入会した大村一男(注23)（**図10**）しかいないので、タイミングにも恵まれたといえよう。

入会してみると、毎月一回例会はあるものの、大した議題があるわけでもなく、雑談のあと食費をだしあっ

（東京齒科大學卒業アルバムより）

**図 10**　親友のひとり・大村一男

て一杯飲むことになる。酔っぱらうと繁華街へ繰り出すのは洋の東西を問わず定番コースであった。年に一回は総会があり、このときは市一流のホテルでめかし込んで大宴会をやる。

金ばかりかかって内容がないようだが、試験の時だけは別であった。普段の遊びすぎを悔いながら下宿で一夜漬けの勉強をしていると、トントンとノックの音がする。返事をしても誰も入ってこない。いぶかしんでいるうちに、ドアの下の隙間から白い封筒がそろそろと差し込まれてくる。その封筒に翌日の試験問題がチャンと書いてある。結社の幹部がいろいろ努力して、これも会員である助教授などから聞き出すのである。全科目は無理だが、殆んどの科目をこれでクリアできるのだから、そのメリットは計り知れなかった。

このサイオメガはミシガンに本部があって、卒業してからも毎年会費を徴収され、会報が日本まで送られてくる。定芳が帰朝して十何年目かに、フラタニティーの名簿で名前を見たといって、サウスカロライナの未知の人から手紙が舞い込んだ。女の子に日本の着物を着せたいという主旨で、二〇ドル同封されていた。親より大事にしなければいけない会員からの依頼である。嬉しくなった定芳は早速三越へ出かけ、襦袢から帯から一通り注文して四、五〇円の不足は自腹を切ったこともあった。だから在学中もそのあとも、サイオメガには楽しい想い出が山積した。

選ばれたサークルへ入ったことで、定芳のエリート意識にはますます磨きがかかった。もともと地方財閥の御曹司である。渡米前に訪ねて行った高島の妻女が偶然幼馴染みで、高額納税者の娘であったことはすでに述べた。このような知己のいる定芳の家ももちろん高額納税者である。いずれの国においても、高額納税者は特別な存在で、庶民とは一線が画されていた。選挙権を持つ前提となった時代もあった。発想が異なり、趣味が異なり、生活が異なる。だから、鏡花に「歯医者になれ」と言われると、亜流の国内ではなく、本場のアメリカへ、ということになるのも、定芳にとってはきわめて自然なことであった。この世俗から超然とした姿勢が、のちのち毀誉褒貶相半ばする定芳の評価につながることとなる。

（注23）定芳の数少ない悪友の一人である大村一男は、高山紀齋直系の人で、帰国後、代々木の畳敷きの住居で、細々と開業していた。その頃、血脇の診療所の主任がいなくなって、人を探していた。もともと血脇は直接診療するタイプではなかったので、主任を置いてどうにか体面を保っていた。血脇は渡米前から大村を知っていたので、口説いて主任になって貰った。大村は、真面目に、丁寧に診療するため、診療所は大繁盛した。一方、学校経営に忙しくなった血脇は診療所を閉鎖せざるを得なくなり、患者を大村にそっくり譲ることになった。大村は日本橋に進出し、東京でも一、二を争う歯科医師となった。

## 婚約解消

定芳は楽しかった思い出しか書き残していないが、悲しいことも実はあった。定芳は幼少八歳の時、仙台でも名の知られた裏千家の家元の娘を許嫁とした。長ずるに及び、美人の誉れいよいよ高く、定芳も気に入っていた。ところがわれらの定芳は勝手にアメリカへ行ってしまい、浮き草のようにふらふらしている。とても駄目だ、と相手先は婚約を解消し、さっさと他家へ嫁がせてしまった。海を越えて知らせが届いたとき、流石の定芳もがっくりしたが後の祭り。自棄になった定芳は、遊びに拍車をかけた。ただし家同士のつきあいは絶えなかったらしく、のちに定芳が開設した新橋のオフィスに元婚約者の兄が出入りし、「ハズメさん、ハズメさん」

と仙台弁を連発していたのを、雛（定芳のすぐ上の姉、後出）の孫で当時代診格であった眞砂子はしっかり覚えている。

## アングルへの興味

定芳が三年生になった頃、年の頃三五、六の長身美髭のエジプト人が入学してきた。これは当時の制度に則ったもので、しかるべき国で歯科教育を受けた経歴があれば、最高学年の三年に編入できたのである。日本人でもこの恩恵に浴したものは少なくない。例えば、のちに日本大学歯学部となる東洋齒科醫學校を創設した佐藤運雄《かづお》は、高山齒科醫學院卒業後アメリカへ渡り、レイクフォーレスト大学（現・ロヨラ大学）歯学部在学一年で歯科医師となり、ついでラッシュ医学専門学校（現・シカゴ大学医学部）に編入して二年で医師の資格を獲得している。この優遇措置も、時代が下るにつれてだんだん渋くなり、歯科教育が四年制になった頃には二年生としてしか編入できなくなった。

このエジプト人はアメリカ各地の大学を渡り歩いてきたので三年生に編入された。三年生になると、午後は臨床実習である。病院に出たばかりの学生に比べ、患者の扱いなど慣れたものである。ことに矯正科では、教える方の指導者が逆にこの男にいろいろ聞く始末であった。なぜこういうことになるかというと、この男、アングルスクールに在籍した経歴を持っていたからである。当時のアメリカ矯正では、アングルとケースがひときわ目立った存在で、なかでもアングルの令名はケースを凌駕していた。

好奇心旺盛なわが定芳は、だったらひとつ吾輩もアングルスクールとやらに行ってみるか、と思い立った。このあたりが定芳の怖いもの知らずの無鉄砲さで、どんな運命が待っているか知るよしもなかった。単なる歯医者では面白くない、なにか彩りが欲しい、と軽く考えていたのである。

メリーランド大学ではうつつを抜かしながらも何とか卒業できて、まだ金もあることだし、軽い気持でアングル先生のところへ行ったのが運の尽き。えらい目に遭った。はっきり言ってあの人は精神分裂症だね。松沢病院もんだよ。教室で癇癪を起こすと、もう手に負えない。いつも手に持っている竹の棒が遠慮会釈なく肩に飛んでくる。あとで奥さんになったホプキン女史が先生のうしろに立っていて、頭を指さしてくるくる回す。「この人は頭がおかしいんだから、落ち着くまで我慢しなさい」ってサインなんだな。天才と気違いは紙一重、とはよく言ったもんだよ。え？　差別用語を連発しないで下さい、って？　今は統合失調症って言うの？　何て言い換えたって、本態は変わらないのに、辛気臭い話だね。

### アングルとその教育機関

御存知矯正歯科は、歯科治療のなかでは新しい分野と思われがちであるが、結構古い歴史を持つ。ただアメリカに定着するのは一九世紀になってからで、それ以前はフランスが主流であった。今からみると緻密さに欠けるが、キングスレーが出て、アメリカ矯正が抬頭した。以後、地道に発展を遂げるかに見えたが、アングルが出てそれまでの概念を根底から覆してしまった。

アングル（図11）は一八五五年ペンシルヴェニア州ハーリックで生まれた。ペンシルヴェニアの歯学校を卒

（グレーバー：歯科矯正学，医歯薬出版，東京，1976より）

**図 11**　近代歯科矯正学の鼻祖・アングル

業後開業し、ミネアポリスに住んだ。その傍らミネソタ大学で矯正学を講じたりした。

当時はまだ車社会でなく、交通の主役は鉄道だった。ところがこの鉄道、他社とスピードを競った結果、衝突事故が頻発して、負傷者の治療を鉄道会社付属の病院が行っていた。アングルはミネアポリス鉄道会社の専属外科医となり、顔の骨を折った負傷者を専門にみていた。折れた骨をつなぎ合わせて固定するときに、囲繞《いにょう》結紮といって歯にも針金を絡めるのが通常であったが、その際歯が動いてしまって往生することが少なからずあった。この失敗にめげず、宝の山を見つけたのが、アングルのただならぬところである。歯に力を加えれば自由に動く、だったらこれを矯正治療に利用したらどうだろう、という閃きである。

一念発起したアングルは会社を辞めてしまい、研究に没頭した。当然収入の道は絶たれ、貧乏のどん底を這い回った。奥さんには逃げられ、精神的にも追いつめられた。のちのアングルの狷介な性格はこの時期に醸し出されたものかもしれない。

捨てる神もあれば拾う神もありで、その貧困時代、アングルをよく支えたのが歯科医でもある助手のホプキン嬢で、のちに二番目の夫人に納まった。

苦労の甲斐あって、やがてアングル矯正学の体系は整った。これが学会で発表されると、一大センセーションを巻き起こした。無理もない、それまでの矯正学の論理を完全に否定し去ってしまったからである。しかもそれは明快な治療目標と治療技術を伴っていたのである。コペルニクス並みの転回を行ったアングルは、既成概念から抜け出ることのできない向きからは狂人扱いされた。やがて賛同者も現れ、アングルは手応えを感じた。その賛同者のなかには、のちにアングル学派の竜虎と称されるツイードやストラングもいた。

自説を理解しない分からず屋に腹を立てたアングルは、自分の学説を歯科医学から分離して、美容矯正と位置付けようとした。さすがにこれは周囲から諫められて実現しなかったが、茨の道は続いた。やがてアングルは、自らの矯正学を広めるために私塾を立ち上げた。世にアングルスクールと称されるもので、場所はセントルイス、一九〇〇年のことであった。このときアングル四五歳。アメリカ矯正学会が成立し、初代会長に納まったのをみると、アングルは急速に認知されだしたようである。

アングルの思想の面白いところは、人間三二本の歯が揃ってはじめて理想的な噛み合わせが完成する、という説（非抜歯論）にある。歯列弓を拡大すれば、その刺激で顎も大きくなり、すべての歯がしっかりと咬んで機能する、と考えたのである。その理想的な治療目標を〝オールド・グローリー Old Glory〟と称したが、これはよく発達した黒人の顎である。これを女神アポロの整った横顔と組み合わせて、これぞ矯正の御利益、と説いた（図12）。考えるまでもなく、アポロのこぢんまりした口の中におおらかに発達した顎の骨が納まるはずはないが、アングルは大真面目に主張して廻った。〝オールド・グローリー〟を辞書で引くと、米国国旗である。アングルにとっては「神聖侵すべからざる」という思いの治療目標だったのであろう。

アングル以前の矯正治療は、治療前に比べてどの位よくなったか、に終始した。ところがアングルは、正しい咬み合わせはどんなものであるかを追求し、それを目指して咬み合わせの改善を図ろうとした。目標の設定に多少の胡散臭さはあるものの、その発想のすばらしさは他に類を見ない。

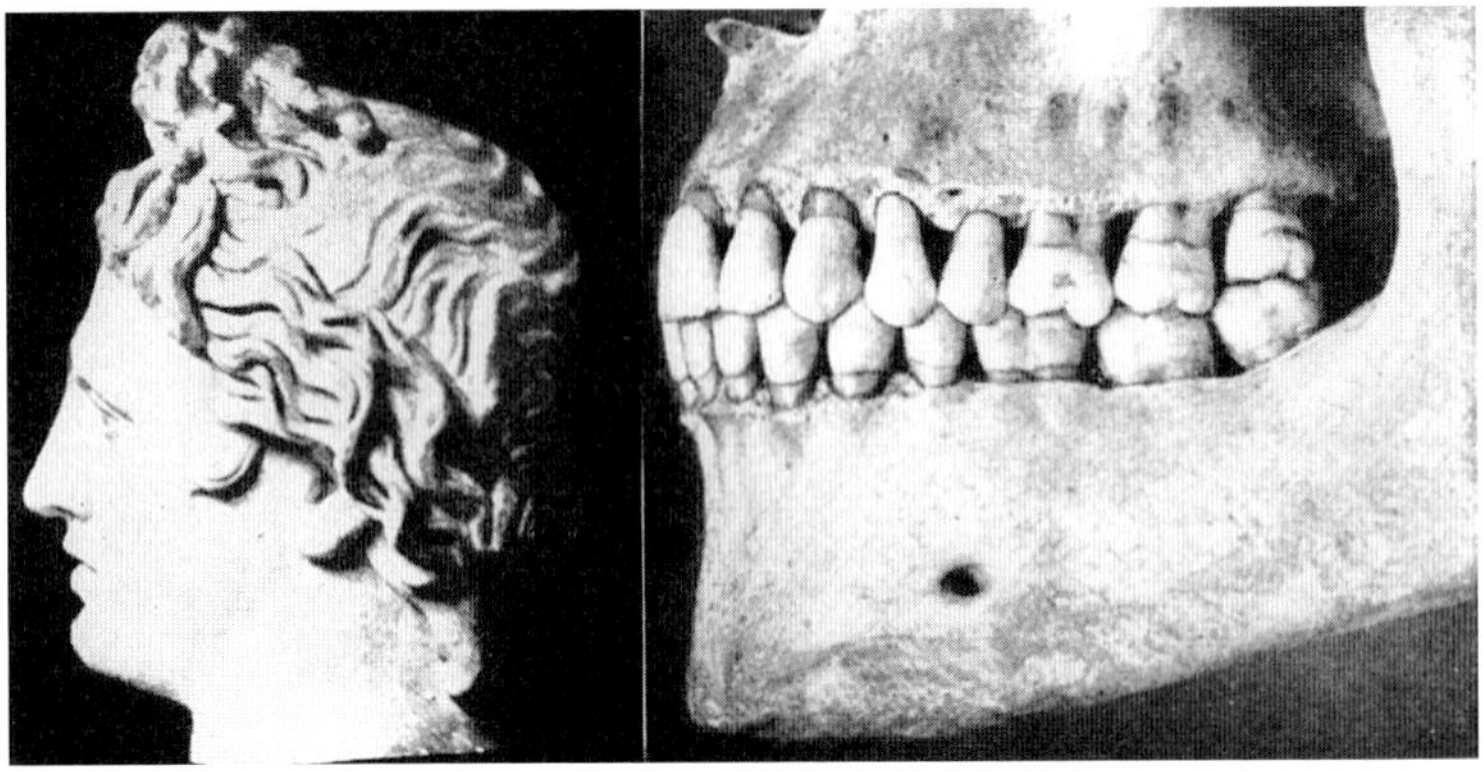

（グレーバー：歯科矯正学，医歯薬出版，東京，1976より）

**図12** アングルが理想的な咬合状態として提示したOld Glory（左）は，親知らずまでよく噛んでいるが，明らかに突顎型で，これがApollo（右）のちんまりした口の中には収まりきれない

歯を動かす刺激が顎の発達を促す、という考え方は、アングルの晩年に至って否定されてしまうが、[注24] 定芳の在米中にはまだまだ強固に流布されていた。これに基づく矯正装置の第一弾は一九〇六年に公表され、エスエスホワイトという会社から発売されたが、購入できるのはアングルスクールの卒業生だけだった。以後改良が重ねられて第四弾は「最新にして最良の装置」としてアングルの死ぬ二年前に発表された。現在も世界的に使われ続けているエッジワイズ装置の原型である。このエッジワイズ装置の亜型は数限りなくあるが、釈迦の掌上で踊った孫悟空よろしく、いずれもアングルの手のひらから抜け出していない。

さてアングルスクールである。その開講中には当代一流の学者を招聘し、基礎医学の講義が行われた。臨床は勿論アングルが担当した。その講義中、いきなり質問が飛ぶ。こたえられないと遠慮なく鞭が降ってくる。こうなるとエキセントリックなアングルは興奮が治まるまで手をつけられない。教室は常にピリピリした空気に満たされる。朝からの講義が終わってへとへとになった頃夕食になる。ところがこれで一日が終わるわけではない。夕食後にはその日の講義に関する口頭試問が待っている。あまり成績が悪いと呼び出されて退学を通告されるので油断できない。毎回二、三人はこの犠牲になる。それでも人気があって、大勢の希望者が集まり、入学試験で振り落とされるものも続出する。苦労の甲斐あってめでたく卒業となると、聖書に手を置いて「矯正治療以外は決して致しません」と誓わされる。もちろん、使用する矯正装置はアングルの装置に限られるから、アングルの懐は豊かになり、開講していないときには思う存分研究に浸れる、という算段である。

アングルスクールは一か所にとどまらなかった。定芳が学んだ頃のセントルイスからニューヨークに移り、さらにニューロンドンに転じた。健康問題も抱えていたアングルは、六〇歳を過ぎると学校を閉鎖して、気候のよいカリフォルニアのパサデナに隠棲したが、周囲はそれを許さなかった。卒業生が資金を出し合って瀟洒な教室を作り、復活に期待をかけた。流石にアングルも無視できず、六年のブランクの後、アングル学校の校長として活動を再開した。ここには東京齒科醫學校卒の野澤茂が住み込み、アングルの薫陶を受けた。野澤の紹介で見学に訪れた軍医の三内多喜治はアングルと意気投合し、八か月の長きに亘って逗留することとなった。かつてのアングルの鉄道病院での経験が戦闘中に生ずる顎骨骨折の治療に応用できるのではないかと考えたためで、これがきっかけでのちに三内式副子が開発された。帰国後日赤病院の初代歯科部長となった三内は、遅れて帰国した野澤に、日赤内で矯正治療に従事する便宜を与えた。

（注24）アングルは、歯列弓を拡大すれば、その刺激で歯槽骨を乗せている顎骨も発達して大きくなる、と考えたが、歯槽骨は歯と運命を共にするもので、刺激は顎骨までは及ばない、という歯槽基底論がルントシュトレームによって発表された。

矯正勉強顛末記

秘密結社のお陰もあって、なんとかメリーランド大学を卒業した定芳（図13）は、勇躍、セントルイスへ赴いた。もちろん、アングルスクールに入学するためである。たかが鉄道会社の嘱託あがり、と高をくくっていた定芳は、試験の二週間前にセントルイス入りし、夜な夜な町の灯を楽しんでいた。そこで一つの幸運に出会う。同じホテルにアングルスクールの副校長格のデュウェー（図14）が宿泊していて紹介されたのである。デュウェーは学者で、真面目一方なのに、夫人は朝からダンスに歌にのすこぶるつきのフラッパーで、かつてモリヤマとかいう日本人に入れ込んだため、日本人大好き人間だった。定芳はまだ見ぬモリヤマに感謝しつつ、夫人に取り入った。人生無駄なことはない、と言うが、定芳の遊び心が思わぬところで役に立ったのである。かなり後になって、デュウェーはこの夫人と離別し、アングルの許を去ってニューヨークで矯正学校を開設し、大成功を収めた。ただ、このデュウェーもアングルの死後三年でこの世を去っている。

（寺木正方氏提供）

**図 13**　メリーランド大学卒業写真

（グレーバー：歯科矯正学，医歯薬出版，東京，1976 より）

**図 14**　アングル・スクールでの指導者のひとり・デュウェー

学科試験はデュウェーの担当だったので難なくパス

したが、アングル直々の人物考査では見事にはねられた。常時二〇〇名以上の志願者が群がっているところへ、ふらっと行って定員二五名の中に入れて貰おうというのだから、土台、虫のよい話ではある。日本人の癖にいやに気取ってチヤラチヤラしているのが気に入らなかったのか、神聖な矯正学を冒涜している奴と見透かしたのか、剣もほろろの門前払いであった。

簡単に入れて貰える、と気楽に構えていた定芳は大慌てに慌てた。デュウェー夫妻はおろかアングル秘書のホプキン嬢まで口説いてやっとのことで入学となった。将を射んとすればまず馬、を地でいったのである。

苦労の挙げ句、ようやく入学したのに、最初の一〇日ばかり、遅刻・早退はおろか、ときには休んだり、きわめて不真面目に過ごした。当然アングルの目にとまり、自宅へ呼ばれてぎゅうぎゅうの目に遭わされ、明日から登校するに及ばず、と最後通告を受けた。仲間は四人いたが、アングルと大喧嘩してその場から故郷へ帰ってしまった一人を除く三人は、またもやホプキン嬢に泣きつき、そのとりなしで再入学を許された。その中には、後年日本矯正歯科学会の初代会長となった榎本美彦が師事し、のちに南カリフォルニア大学の矯正科長となった、デーもいた（**図15**）。

それから定芳の生涯でただ一度、丸三か月間の真剣な学習時代が始まった。遊びにもでず、酒も飲まず、朝の六時から夜の一〇時まで、突然行われる口頭試問に応じられるように、無我夢中でひたすら勉強した。あの時の勉強を続けていたら、というのが後年の定芳の口癖であったことからも分かるように、後にも先にもない糞真面目な時期であった（**図16**）。

叩き込まれた矯正技術は、アングルシステムの最初の装置である歯列弓拡大装置（**図17**）を用いるものであった。後年、文部省歯科病院で山形朔郎がこの装置を用いているのを見た高橋新次郎が、男子一生の仕事として

（日本歯科大学　新井一仁准教授提供）

**図 15**　1907 年のクラス。アングル（5）の向かって左上（3）が定芳。そのずっと下（12）がデー。白いブラウスの女性（25）は秘書のホプキン

（寺木正方氏提供）

**図 16**　アングルスクール時代の定芳（後列中央で帽子を阿弥陀にかぶって）

用いるに値わず、と切って捨てた装置である。それ以前の装置にくらべれば出色であったかも知れないが、はたしてどのくらいの治療効果があったか。このあとアングル自身、三段跳びで新しい装置を考案するのだから、かなり未熟な装置であったことは間違いない。

アングルの装置ったって、今は影も形もないから、実物を見た経験はないだろう。え？　見たことあるって？　どんな？　あぁ、木のケースに

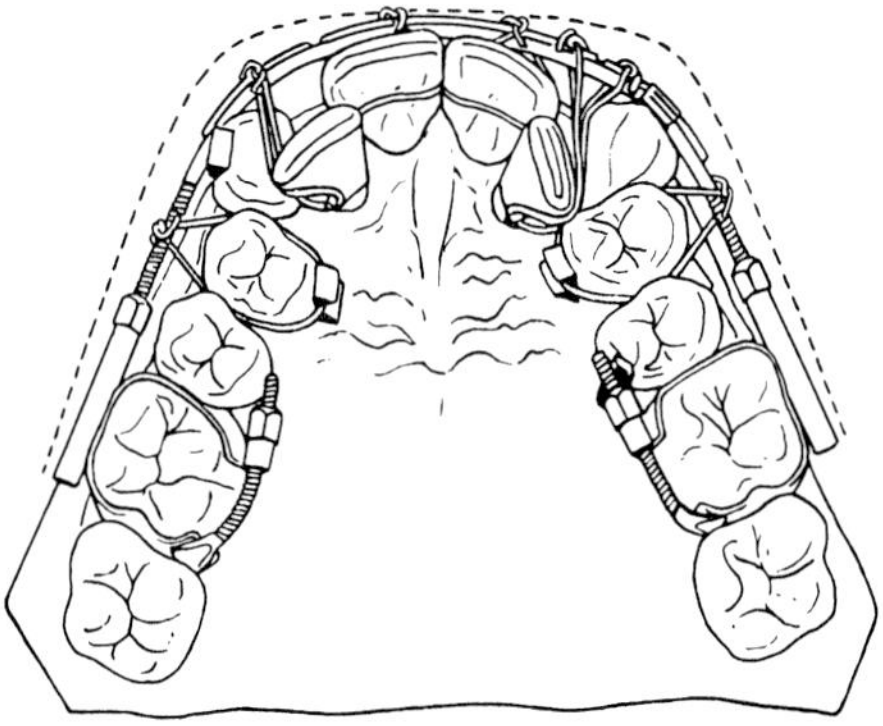

（グレーバー編：現代歯科矯正学，396，医歯薬出版，東京，1971 より）

**図 17**　アングルが開発した初期の矯正装置

入った奴ね。クランプバンドから絹糸まで麗々しく並んでいたな。あれは見本で、あれを見ながらエスエスホワイトっていう会社に注文するんだ。金属は白金加金だから、結構高かった。治療が終わって外したら、それはおれのもんだ、ってんで訴訟を起こした患者までいたそうだ。

その頃は歯科用セメントなんてないから、バンドをネジで歯に締め付けて固定する。バンドと歯の間に唾液が入って虫歯になる危険があるから、頻繁に来院させて口の中の大掃除だ。こっちも大変だが、患者の方はもっと大変だ。今だったらフッ素でも塗っとくんだろうが、ありゃ気休めかね。

何はともあれ、短いようで長いアメリカ生活だったから、いろんな柵《しがらみ》ができてね。帰る時も、帰ってからも大変だった。もてすぎる悩みって、あんた、分かるかね。

## のんびりと帰国の途に

粉骨砕身の結果、定芳は日本人第一号でめでたくアングルスクールの卒業証書を手にした。羊皮紙や絹で作られた歯科大学の卒業証書に比べ、かなり見劣りするものであったが、「当校の全コースを満足すべき成績で修了した」とアングルの署名とともに記されたＢ四判位の一枚の紙は、なにものにも替えられぬ宝だった。

（寺木正方氏提供）

**図 18**　定芳と母親よし

歯科大学は卒業するわ、アングルスクールは修了するわで、普通はしかるべき土地で開業するか、故郷に錦を飾るべく帰国するのが当時のお定まりのコースであった。ところがわが定芳は違った。何とニューヨークの下町でビリヤードの店を開いたのである。アングルが聞いたら腰を抜かすほど驚いたであろうが、これには訳がある。学生時代に、日本人だけしか経営できないビリヤード店の権利を手に入れていて、夏場二か月だけでも莫大な利益を上げていたのである。本心はまだアメリカから離れたくなかった定芳は、本腰を入れてこの店の経営に携わった。定芳自身がハスラーであったわけではなく、経営しているだけで面白いように金が入った。ただし、定芳自身が認めているように、「仕事らしい仕事は生来何もできない、やってみてもすぐ飽きがきて、投げだして了う」性格がここでも現れて、一年足らずで店をたたんだ。何事にも格好を付ける定芳は、後に、「国元で帰国するのを首を長くして待つ老母（**図18**）への義理と愛情のしがらみ」のせいにした。どこかで聞いたような話だと思ったら、ありました、野口英世[注25]が老母を見舞うために凱旋帰国した話と同工異曲である。

それでも定芳は、素直に日本へ帰ることをせず、アメリカ国内をうろうろした挙げ句、カナダのバンクーバーからキャナディアン・パシフィック・ラインで日本へ帰ってきた。日本は明治四一年になっていた。

（注25）野口英世は、のちに定芳が仕えることとなる血脇守之助の推挽で高山歯科醫學院の学僕（小使）から教壇に立つこ

ととなり、病理学を担当した。血脇の尽力により渡米後、蛇毒や梅毒の研究で名をあげた。定芳が滞米中にはフィラデルフィアのペンシルヴェニア大学で研究に没頭していた。一時帰国したのは一九一五（大正四）年で、母親に会うのもそこそこに、二か月に亘り日本各地で歓迎を受け、帝國學士院恩賜賞を受賞した。新聞は連日詳細にその動向を報じた。

# 第四章

## 二足の草鞋

横浜へたどり着いたとき、実家の寺木組は殆んど瓦解しかけていた。肝腎の跡継ぎが本業に関係なく、アメリカで遊び呆けていたのだから無理もない。そこへ持ってきて、白鼠の番頭がよかれと思って手を出した鉱山経営の失敗がとどめを刺した。かつての栄耀栄華の影もなく、人は離散していった。こうなると城下町の常、落魄の余所者は排除され、寺木組の看板も消えた。それでも大鍋の底、多少の余裕はあった。

（東京歯科大学百年史より）

**図19**　血脇守之助

船旅の時代なので時差ぼけはなかったが、のんびり旅の疲れをいやしているところへ東京齒科醫學院の血脇守之助（**図19**）の意を受けた奥村鶴吉（**図20**）が訪ねてきた。矯正学の講義依頼であった。それまで矯正学の講義を担当していた佐藤運雄が急に満州へ行くことになり[注26]、後釜捜しが焦眉の急だったのである。

醫學院側としては、新しい知識と技術をにつけ、アングル矯正学の洗礼を受けてきた定芳に大きな期待もあったので、三顧の礼で迎えようとした。厳しいしごきをうけてかなり腕

（東京歯科大学百年史より）
**図20**　血脇の後継者・奥村鶴吉

（国会図書館蔵）
**図21**　東歯醫専の機関誌「歯科學報」

に自信があった定芳は、一も二もなく承諾し、学校の機関誌『歯科學報』（**図21**）の編集を手伝うことも約束した。どちらかというと、教職よりも雑誌編集の方に魅力があったというのが本音であった。

　次いで、定芳は、渡米直前に世話になった高島多米治のところへ顔を出した。そこでも定芳には旨い話が待っていた。高島歯科医院は二階建てで、二階の待合室が広く取ってあったので、そこから階段を通して三階に矯正診療室を作ったらどうか、と思ってもみなかった提案を受けたのである。渡りに舟、と定芳は寺木組に出入りしていた大工を仙台から呼び寄せ、増築に取りかかった。何しろ伊藤博文を後ろ盾にした高島の患者層は超高級である。その子弟を紹介してやろう、というのであるから、定芳の夢はバラ色に広がった。

　ところが、診療室準備中に東京歯科醫學院出講の話を聞いた高島はびっくりした。当時高島は日本歯科醫學校で矯正歯科を中心に学外講師を務めていたが、一般開業の高島にとって矯正歯科は余技に過ぎない。矯正の常勤講師には原玄了がいたが、これも専門は補綴であった。のちに日本齒科醫專の理事として経営にも参加することになる高島は、現状に鑑み、定芳を矯正の専任教員として送り込めば丁度良いし、定芳にも異存はないものと思い込んでいた。しかし、それを言い出す前に東京齒科醫學院から話が来てしまった。とにかく約束してしまったものは仕方がない。鷹揚な高島は内心を見せず、黙ってそれを認めた。

さて開業してみると、矯正の患者はわんさと来る。しかし長続きしない。歯並びなど二、三週間で治るものと決めてかかっている手合いばかりである。やっと歯が動き出したばかりで、早く器械を外せと矢の催促で、流石の定芳もほとほと手を焼いた。矯正治療は時間がかかる、という噂が広まると、患者は潮が引くように減っていった。暇なので、高島のやっている一般治療の下請けにも手を染めるようになった。矯正オンリーと誓わされたアングルは遥か海の彼方である。後ろめたさという言葉を自分の辞書から消して、当時日本一と評判の高かった高島テクニックをせっせと身につけた。ものの弾みでアングル矯正の勉強はしたものの、本当は矯正は好きではなかったのである。

一方の東京齒科醫學院の勤めは楽なもので、講義は雑談が大半、肝腎の矯正はアングルの分類にたどり着くのがやっとだった。専任ではないので講義は週一回だったが、学校には三回くらい顔を出した。編集作業もあったが、血脇守之助の帷幕に参ずることに力を入れた。血脇がいろいろと新機軸を打ち出し、動き回ることの好きな定芳はそれにのめり込んだ。血脇もよく目をかけてくれた。のちに定芳は血脇の逆鱗に触れて東歯を辞めることになるが、それ以後も血脇の恩顧を忘れることはなかった。

（注26）当時、南滿州鐵道（いわゆる「滿鐵」）が経営していた大連醫學院口腔外科の医長のポストが空いていた。血脇は子

飼いの川上爲次郎を推薦していたが、東京帝大の石原久は自分のところの講師でもある佐藤を推した。審査の結果は医師と歯科医師のダブルライセンスを持つ佐藤に軍配が上がり、川上はいたく傷ついた。このいざござがあとを引いて川上と血脇の関係はギクシャクしたものになり、やがて川上は学校を離れることになる。一方の佐藤は赴任後暫くして体調を崩し、二年後には帰国した。回復したら再渡満すると言っていたが、これは遂に実現しなかった。

## 明治末期の歯科界

帰国した定芳が漂うことになる当時の日本の歯科界はどうであったか。

高山紀齋の衣鉢を継ぎ、血脇守之助が経営していた東京歯科醫學院は、一年前の一九〇七年に専門學校に昇格し、確固たる基盤を誇っていた。門下に、奥村鶴吉、花澤鼎、水野完爾、早川可美良など錚々たる人材がいた。本格的な歯科医師養成機関がほかになかったこともあって、東京歯科醫専一派が日本の歯科界を牛耳っていたといっても過言ではなかった。同校を中心に一九〇二年、「日本歯科學會」(後述)が結成された。一九〇四年から『日本歯科醫學會々誌』が発刊され、多彩な論文が掲載されていた。なお、同校には高山歯科醫學院の頃から『歯科醫學叢談』という機関誌があり、一九〇〇年に『歯科學報』と誌名を替え、現在に続いている。

一方、九段坂で開業していた中原市五郎(図22)は、まさに立志伝中の人で、自ら興した「日本歯科教育會」の事業として、一九〇七年、「共立歯科醫學校」を設立した。試験規則改正にとまどう受験生の救済という大義名分もあったが、日本の歯科界を支配しようという野望を達成するには、歯科医の養成をするにしくはない、と閃いたのである。動機はどうあれ、毎年五〇人足らずの合格者しか出せない状況にあっては、歯科教育機関

（日本歯科大学60周年誌より）
**図22**　日歯醫専の創立者・中原市五郎

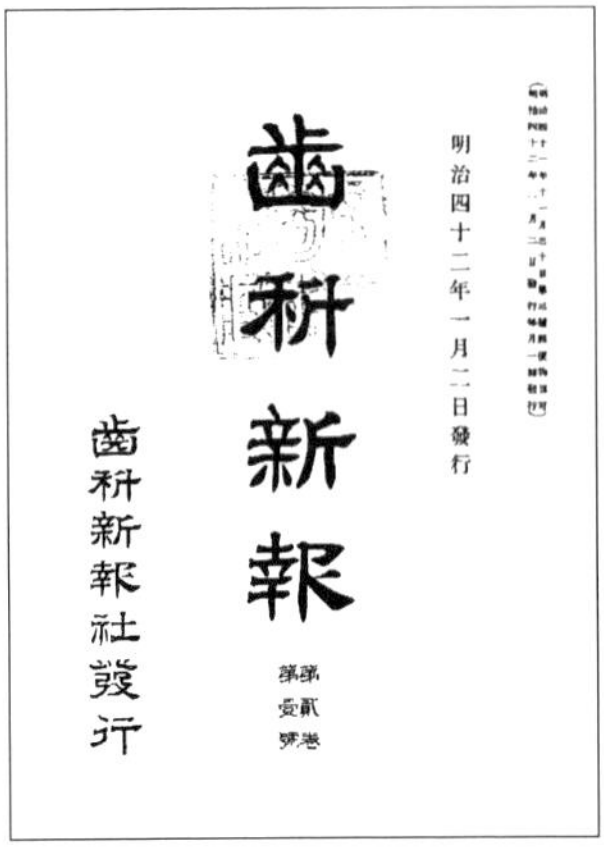

**図23**　日歯醫専の機関誌「歯科新報」

の新たな出現は一大福音である。はじめは夜学で、翌年から昼夜二部制となった。これを機に、『歯科學報』に対抗する機関誌『歯科新報』（**図23**）を創刊した。校長に退役軍人の原田朴哉、顧問に帝大の石原久を配した。高島多米治も学外講師として参加していた。石原が官として、許認可の影響力もっていたためか、「日本歯科醫學校」と改称して間もなく、開学からも満二年で専門學校の認可が下り、「日本歯科醫學専門學校」となった。

なお、専門學校への昇格に伴い、女子学生が排除されるという不当な事態が起きた。明治という御時世はそんなものであったのであろう。日本歯科醫専の大久保潜龍は、神田・神保町にあった自分の診療所の二階に彼女らを引き取り、「東京女子歯科醫學講習所」（注27）という私塾を開設した。これは後に「日本女子歯科醫専」となり、「東洋女子歯科醫専」とともに、敗戦後GHQの圧力で潰されるまで、女性歯科医師の養成に足跡を残した。

さて、この東歯と日歯の二校の間に、「愛知歯科醫學校」や「京都歯科醫學校」などが発足したが、中央から遠く隔たる地理的条件のためか、日本の歯科界への影響は顕著ではなかった。

本家の余裕で泰然自若を決めていた血脇も、中原が着々と地歩を固めるに及んで、内心穏やかではなかったであろう。今では想像もできない三崎町派と富士見町派の長期に亘る確執の萌芽は、この頃既にあったようである。これが表面化するのは、指定校認可の先陣争いであった。

明治維新以来、医業を以て開業するには、届け出て試験を受け、合格して医籍登録する必要があった。歯科医師第一号と目される小幡英之助は一八七五年「東京醫學校（現・東京大学医学部）」に出願し、「醫籍第四號」を得ている。この試験はかなり面倒で、合格通知を得るまでにおよそ半年を要している。

「指定」というのは、一九〇六年一〇月に公布された「公立私立齒科醫學校指定規則」に基づくもので、要件を満たせば文部省の試験が免除され、卒業と同時に免許が与えられる特権である。これがあるかないかで、学生の集まり具合には雲泥の差がでる。ところが、制度はできたものの、官が開業認可などの権益を手放さないのはいつの時代も同じである。時代の推移で渋々アメリカのステートボードを真似してはみたが、内心は面白くない。両校必死の運動にもかかわらず、あれこれ言を左右にして、文部省は首を縦に振らない。その元凶として、帝大の石原久はかなり恨まれた。散々焦らされた挙げ句、一九一〇年めでたく両校ともに認可が下りた。

文句のつけようがなくなった文部省が最後に示してきた条件には、「卒業試験には、必ず文部省委員の立会を要す」などという項目さえあった。しかし、最初の一、二年は文部省から試験問題の提出を求められたり、吏員らしい男が試験当日に立会ったりしたが、歯科関係の委員など、一人も来ない。二、三年でもう誰も来なくなり、問題提出などいつの間にか要求されなくなった。誰に憚ることもなくずばりとものを言う定芳は、「民間学校の制度方法完全なりと認めたから、ならいいが、日本官僚の常習で、法令はだしても二、三年たつと、いつの間にか、自分の方から忘れて了う。めでたしめでたしの至りだ」と皮肉った。

血脇と中原の仲が何故こじれたのか。後発の中原が、東歯に追いつけ追い越せ、と急ぎすぎた嫌いがないでもない。東京で三番目の歯科医学校である「東洋歯科醫學校」を立ち上げた佐藤運雄（図24）は、門下生ということもあって、血脇にかなり気兼ねした。佐藤の学校は夜学からスタートしたが、東歯にもすでに夜学の別科があった(注28)。夜学は歯科開業試験の予備校的存在で、昼間よりも圧倒的に学生数が多く、講義録の売り上げに貢献した。佐藤は奥村を介して、きわめて低姿勢に自分の所存を伝えた。当然、中原の言動と対比される。無用な軋轢を避けた佐藤は、着実に東洋歯科醫學校を昼間部にシフトさせ、専門学校に昇格させ、日本大学に吸収合併させる道を作った。さすがに当時のこと、学部にはならず、「専門部歯科」と位置づけられたが、佐藤は科長から学長、ついには理事長と、日本大学の最高位まで登り詰めた。この間、佐藤は血脇と一切トラブルを起こしていない。一歩退いた家康的な行動が、長い目で見れば、佐藤を成功に導いたといえるのではないか。

（歯科學報 第15巻 4号より）

**図24** 東洋歯科醫専の創立者・佐藤運雄

さて中原は、小柄な体躯のどこにあのエネルギーが潜んでいるのか、と首をひねりたくなるくらい活動的であった。ただ、血脇のような清濁併せ飲む政治性は持ち合わせていなかった。腹心にも恵まれなかった。京田武男、永澤盛、鈴木俊樹、大庭淳一など股肱の臣はいたが、なにせ親玉の方が頭が切れすぎる。吉祥寺に居を移すとき、娘婿の日置清雄や創業時代からの鈴木復三を地続きに住まわせたが、日置は温厚そのものであり、鈴木は剛胆だが参謀格ではなかった。浪々の身だった定芳を取り立ててくれたぐらいだから、面倒見は実によかった。熱烈な信奉者が『富士見の慈父』という伝記まで書いたくらいである。それがどういう訳か裏切りにあうことも少なくなく、気むずかしくなっていった。子供心にも我がゴッドファーザーのあの目は怖かったのを覚えている。それでも亡くなったときには、自宅から狭い砂利道をそろそろ進む霊柩車のあとを、水道道路まで多くの人が追いかけた。中原を慕う人の多さは血脇に引けをとらないものがあったのである。

（注27）東京女子歯科醫學畢講習所は一九一二年三月、「東京女子歯科醫學校」と名称を変更し、翌年三月第一回卒業式を挙行した。卒業生は三名であった。第二回卒業生は五名であった。一九二二年七月、専門學校に昇格した。一九二七年三月、文部大臣の指定認可が下り、「文驗」免除となった。昭和九年二月、「日本女子歯科醫學専門學校」と校名を変更した。多くの女性歯科医師を世に送り出したが、太平洋戦争に負けて、アメリカ主導の教育改革の結果、大学昇格を果たせず、廃校の憂き目にあった。やむを得ず、歯科衛生士の教育に転じ、「日本厚生學校」を立ち上げた。これが発展して「日本女子衛生短期大学」となり、母体の厚生學校は一年制の別科に姿を変えた。一九六四年神奈川歯科大学を開設し、一五年来の宿願を果たした。

（注28）「東京歯科醫學専門學校」の附属で夜学の「東京歯科醫學講習所」は、一九一〇年、校名を「東京歯科醫學校」と改めた。校長は血脇守之助で、他のスタッフも本校と兼任であった。

## 評論雑誌の発刊

定芳は文学好きであると同時に、編集にも並々ならぬ興味を抱いていた。だから『歯科學報』の編集を手伝え、といわれたとき、一も二もなく飛びついたのもその表れである。ところが当時の学術雑誌には制約があって、時事評論は御法度だった。どうしても評論をやろうとなると、内務省に保証金を納めて認可してもらうというややっこしい手続が必要になる。そこまではやりたくない、というのが東齒が発刊する『齒科學報』の立場だった。お堅い学術論文を書くより論評が得意なのは、名うての文学青年・定芳にとっては当然のことである。というより、七面倒くさい学術論文など、辛気くさくて書く気がしなかったのが本音であった。

当時、医科と歯科の治療範囲でもめることが多かったが、東齒ははっきり両者の線引きをすべきだとの立場をとっていた。これを受けて定芳は「齒科獨立論」という論文を『齒科學報』に投稿したが、保証金を払っていなかったのでボツにされてしまった。そのとき同時に投稿した「吾輩はアブセスである」(注29)という雑文は臨床色濃いものとの解釈で掲載された。こんな姑息ともいえる裏技まで使わなければ評論は活字にならなかったのである。

とつおいつ考えているうちに、定芳は、個人で雑誌を作ることに思い至った。隘路は資金である。学校から一歩離れた所で当面の敵である日齒を論破する、東京齒科醫會の活動を喧伝する、などの殺し文句をひっさげて血脇に資金調達を依頼した。血脇は金に恬淡とする性格だったので、逆さに振っても鼻血も出ない。困り果てて親友の榎本積一(注30)に相談した。榎本は駿河台に目をそばだてる立派な邸宅兼診療室を構えていたが、借金は残っているし、まとまった金が遊んでいるわけでもない。鳩首協議をしているうちに、発行所を地方に置けば保証金は四分の一で済む見通しが立ったので、榎本は公債を崩して二五〇円を用立ててくれた。

発行所は、これまた血脇の人脈で、川崎で開業している柴田伊之助という歯科医の軒下を借りることになった。川崎は今こそ政令指定都市として神奈川県では横浜に次ぐ第二の大都市の威容を誇っているが、当時は立派な地方都市だった。柴田は、歯科治療に従事する傍ら、新川柳に凝っていて、五萬石という俳名の持ち主で、しかも、若いのに宴会での座持ちの名人で、幇間が裸足で逃げ出すほどの芸達者とくるので、定芳にとってこれほどぴったりした人物はいない。

　ここに本社をおき、その名も『歯科評論』と冠して、華麗に第一号を出した。印刷は歯科學報社の出版物の大半を請け負っていた有楽町の報文社に依頼した。経費についてはある時払いの催促なしに近い好条件だった。誌上で富士見町攻撃をやるのが毎回で、日歯の機関誌である『歯科新報』と泥仕合を繰り返した。この論争が面白い、というファンが結構いたし、攻撃される相手方も購読するので、雑誌の売れ行きは順調だった。大上段に振りかぶってはいても、まあ子供の喧嘩みたいなもので、双方とも結構楽しんでいた節がある。

（注29）御存知歯根尖病巣である歯根膿胞を擬人化して歯科医界を皮肉った小文である。
（注30）榎本積一は、一八六六年に、澤簡徳の三男として現在の立川市で生まれた。幼時に榎本軍次郎の養嗣子となる。一八八六年、鈴藤文一郎の門に入り歯科医学を学ぶ。三年後、醫術開業試験に合格し、翌年高山紀齋に師事する。同年秋、麻布で開業し、高山歯科醫學院の講師を五年に亘って務めた。そのとき学生だった血脇とは生涯を通じて刎頸の交わりがあった。一九〇九年大日方一輔の二女利根子を養女とし、一九一四年に市橋美彦《うまひこ》と結婚させる。これより三年前には醫術開業試験委員に任じられ、一九一六年には正七位に叙せられている。日本聯合歯科醫師會々長など重職を歴任したが、宿痾の心臓病のため、一九二〇年一一月、五五歳で死去した。

## その後の歯科評論

　万事飽きっぽい定芳は、非難合戦もつまらなくなり、周囲に迷惑をかけて作った歯科評論の発行人の権利を、印刷屋への借金二〇〇円を肩代わりすることを条件に、牧謙治に譲ってしまった。ところがこの牧謙治という男、宴会を仕切らせれば天下一品、というところまではよかったが、幸徳秋水や堺利彦ら左翼系の記者連中と親交があったため、特高（注31）に追いかけ回されたりしてくたびれ果て、「神経衰弱」というから今様に言えばノイローゼにかかって自宅に逼塞してしまい、『新歯科醫報』の松田英雄に後事を託した。

日中戦争が激しくなった一九四〇年、印刷用紙の払底によって学術誌を除く歯科関係の雑誌は二誌に統合された（一六二頁）。松田の雑誌は高津弌の『日本齒科衞生』などと合併させられ、『日本齒科評論』となった。これは、戦局の悪化に伴い自然休刊の憂き目にあったが、戦後いち早く復活し、今日に続いている（一六三頁）。内容はとにかく名称だけは一本の糸を引いているので、「恰も自分の孫に対するような感情で、日本齒科評論には並々ならぬ愛着心を、現在でも持っていることは否めない」と定芳は後年述懐している。

なお、『齒科評論』発足時に社に所在地の名義を貸した五萬石・柴田伊之助は、雑誌合併と同じ年の二月、雑誌の行く末を見据えていたかのように、友人宅で急死した。享年五八歳。惜しまれる死であった。

（注31）「特高」は、警視廳が、大逆事件をきっかけに、一九一一年八月に設置した特別高等課の略称。主としてストライキや爆発物、出版物などの取り締まりに当たった。その取り調べはかなり苛酷なものとなり、憲兵とともに恐れられた。

## 赤坂開業とオイコラ

高島多米治の診療所の軒を借りて一年あまりで、定芳は独立しようと思い立った。あちこち探し歩いているうちに、赤坂霊南坂下に格好の空き家を見つけた。冠木門のある長い板塀に囲まれ、土蔵あり、離れあり、庭には池まである、という立派なものであった。定芳の転居を伝える『齒科學報』には「赤坂區田町七丁目十三番地」と記されている。アメリカ大使館の真ん前というが、現在は様子が変わりすぎていて、場所の特定が難しい。坂下で大使館に面しているのはジェトロや自転車会館などのビルで、当時の面影は残っていない。

定芳が歩き回るほんの半世紀前、霊南坂の周辺は大名屋敷が占めていた。アメリカ大使館のあるところには山口筑前守、道を隔てたホテルオークラには松平大和守、ジェトロには松平肥前守、裏手の溜池側には土岐丹波守のそれぞれ広壮な屋敷があった。これらが明治維新によって新政府に召し上げられ、一部は改めて払い下げられた。

明治大正期の地図（図25）をみると、今の赤坂交差点の西南隅に市場がある。その裏側から山王下に向かう溜池線電車通り西側に張り付くように田町が展開し、七丁目は溜池停留所から通り一本西側に引っ込んでいた。その七丁目の一角に、近所の材木問屋が家作を建て、そのひとつに俳優の河合武雄[注32]が住んでいた。たまたま河合が山王下に家を新築したため、そこが空いたばかりのところに定芳が通りかかり、借り受けて庭に診療所を建てた。一九〇九年九月のことであった。

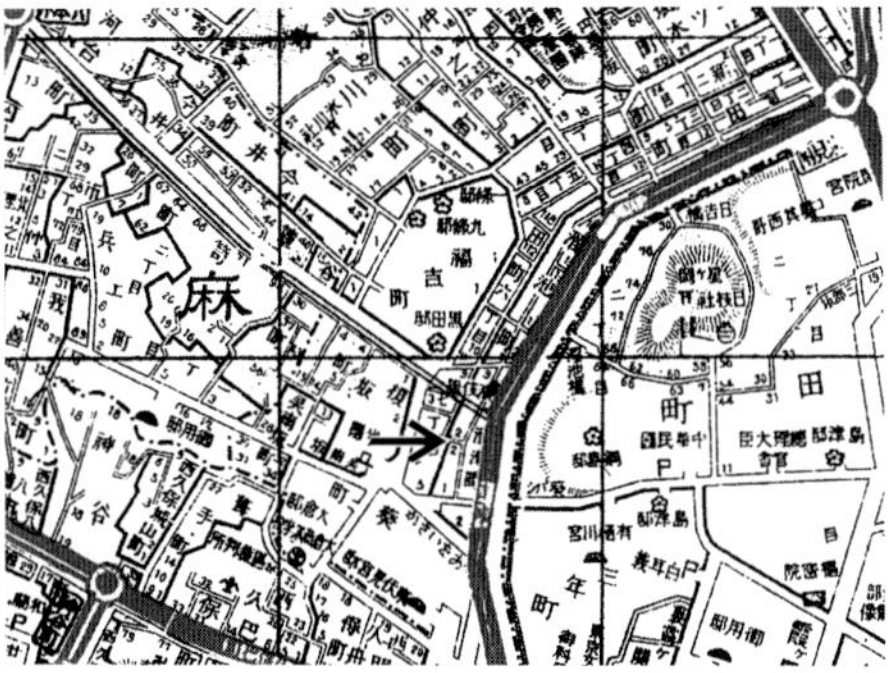

（便覧社，1920より）

**図25**　赤坂見附から溜池に向かって電車通りの西側に田町が展開し，南端に七丁目がある（矢印）

ところが好事魔多しで、とんでもない災厄が定芳の身に降りかかった。一二月七日、突如赤坂警察署から呼び出されたのである。代わりのものでなく本人が出てこい、というので、口腔衛生のことで意見でも聞きたいんだろう、とフロックコートを一着に及び、出入りの人力車に打乗って威風堂々と見附に近い警察へ乗込んだ。

待たせること小一時間、呼び込まれた部屋が何と取調室。どじょう髭の警察官がどっかり前に座り、住所姓名年齢などお定まりの訊問のあと、突然、「開業届を警察へださなかったのは怪しからん。即決二〇日の拘留に処す」と、いやも応もなく、牢格子のある四畳位の拘留場へ放り込まれてしまった。

何の因果でこうなるのか、と憮然としていると、今度は面会室へ連れ出された。そこにはすぐ上の姉・雛がべそをかきながら立っていた。警察へ入っていったまま、待てど暮らせど出てこない定芳にしびれを切らせた車夫が、中に入って様子を聞くと「二〇日間の拘留」。慌てて家に駆け戻って話を伝えた。びっくり仰天の雛は、取り敢えず着替えと毛布二、三枚を抱えてとんできた、という。自分でも訳が分からない情況なので、血脇御大に知らせるようにたのんで、毛布をかぶって寝てしまった。

真夜中になって、「オイ、一寸でてこい」と別室に通され、「今弁護士がきて正式裁判の手続きをとった。お前は帰すが、正式裁判なんて生意気なことをすると、あとの祟りが恐ろしいぞ。覚えておけ」と定芳を脅かす言辞を弄した。これが後で飛んでもないしっぺ返しの種になるとは、神ならぬ身の署長の知る由もなかった。

自由の身となった定芳は、まださんざめきの余韻が残る赤坂の街をかすめて、意気揚々と帰ってきた。家に着いてみると冠木門は一杯に開かれ、煌々と灯りもともされている。玄関間の襖を開けると、そこには定芳がぞくぞくするような光景が展開されていた。正面にでんと血脇御大が控え、ちびりちびりと飲《や》っている。その両脇には日本新聞の工藤鐵男と血脇の甥にあたる芝警察署長、そのほか歯医会の錚々たる連中がずらりと並んで定芳の帰りを今や遅しと待ち構えていたのである。

それから夜を徹して侃々諤々議論を重ねたが、なぜ拘留に至ったかは全く分からなかった。翌日になって調べてみると、どうやら法令の誤用であることに落ち着き、(注33)定芳には非がないことが分かった。東京朝日新聞は一二月一一日の第五面(図26)に、「赤坂署長の失態」という大きな見出しで経緯《いきさつ》を伝えた。醫師法施行と同時に廃止された警視廳令を適用した挙げ句脅迫までしたというので、署長は警視廳に呼び出され、始末書を書かされたのである。記者は確認のため定芳にインタビューした。定芳は、「弁護士に任せてある」と一応は格好

●赤坂署長の失態
▽既廢の法令に依つて罰す
▽此は旨い種だと針小棒大

赤坂區田町三丁目に此程開業せる齒科醫寺木定芳が醫師法により正規の届出を區長に爲せし後去る七日朝突然赤坂署より召喚されしかば書生を先に遣はせしに主人出頭せよとの事に寺木自ら出頭せしに十日以内に届出を爲すべしとの三十九年警視廳令を引き所轄署に届出なきは違法なりとて平野刑事、本堂署長協議の上同人を直に拘留二十日に處する旨を告げて署内に拘禁せしに寺木方にては一方區長に問合せたる結果右警視廳令は其後醫師法施行と同時に之を適用せざることになり居れるを以て寺木は大に怒りて正式裁判を仰ぐことゝなり二日間警察に留置されて歸宅したるが署長は正式裁判をやるなら遣るがよい其代り其方を睨んで居るぞと云ひ昨朝警視廳に出頭し始末書を徴せられたり右裁判は不日東京區裁判所に於て開廷せらるゝ筈なり云々以上は昨日裁判所に於て宮島辯護士の語る所なりき依つて直に寺木齒科醫及び赤坂署長を訪問したるに其語る所左の如し

△何かアヤが有る　寺木齒科醫は語りて曰く『本件は一切宮島辯護士及び工藤記者（鐵男）の兩人に委任し他の新聞記者等に語るは皆右兩人より爲すことになり居れば其に聞き貰ひたし、余の赤坂署に召還されしは七日午後一時にて直に出頭せしに届出なせしや否やの問ひあり無しと答しに其は不都合なれば卽刻廿日間の拘留に處すとのことなりき斯て同九時に至り家人が尋ね來り正式裁判を仰ぐ

（朝日新聞，1909 年 12 月 11 日刊第 5 版 1 面より）

**図 26**　警察の失態追求の手を緩めぬ新聞記事

●近來の大失態●●●●●●
赤阪警察署は廢滅せる法令を活かして紳士良民を拘禁せり

掏摸の銀次を捕へたりとて一部市民の稱賛にマサカ逆上したる譯にあらざるべきも近來赤阪警察署の遣口は往々亂暴を極め曩に共愛病院事件にてボロを出し今回は更に又稀有の珍事を惹起し昨今本堂警察署長、平野警部等色を失して騒ぎ出し龜井總監も之が爲め狼狽を極め居れる出來事てそあれ、去る七日朝赤坂區田町七丁目十番地齒科醫師寺木定芳氏の許に赤坂警察署の一使丁は召喚狀を携へ來りて同氏の出頭を求めたるより寺木

醫師は同日午前出頭したるに平野警部は寺木氏を白洲に呼入れて姓名身分を問ひたる末「其方は醫師として法令を心得て居るかッ」「心得て居り升」「然らば開業した事を警察に届くべき筈、何故怠り居れるや」「ソレは區役所に手續すれば後はイラヌ者と思ひ升」警「馬鹿云へお前は法令を知つて居ると云ふて嘘を吐くぢやないかッ」「ヘエソンナ事はありますか」と斯くて平野警部は寺木醫師の聽取書を作成し之を本堂署長に報告し署長と共に法令を案じて●●●被告寺木定芳は廳令第四十三號に違反したる者と認め拘留二十日に處す●●●との突飛なる卽決言渡あり寺木氏は驚き警官は傲然として睨み付け

（日本，1909 年 12 月 11 日刊より）

**図 27**　定芳の災難を報ずる記事

をつけたが、それだけで黙ってしまうような性格ではなく、午後一時半から八時間警察でネチネチ取り調べられたことを滔々と語ってみせた。

裁判をやられると自分の進退はおろか、警視総監までことが及びそうな雲行きになったので、赤坂署長は人を介し、果ては私服で夜遅く定芳を訪れ、何とか穏便に、と懇願しきりであったが、一旦曲がった定芳の臍は元に戻らなかった。それどころか、当時連日のように市内各所で催されていた警察糾弾の演説会に喜んで参加し、哀れな被害者振りを「死法を生かして無辜の官民を拘留処分にした」とのスローガンで、誇張を交えて面白おかしく語った。しかも、連日警察横暴問題を掲げて時の政府を攻撃していた新聞『日本』は、全紙をあげて定芳の冤罪を書き立ててくれた。

（日本，1909年10月6日刊第5版より）

**図28**　新聞「日本」は定芳擁護の齒科醫會決議を一面で伝えた

一九〇九年一二月一一日土曜日（第五版）の第一面（**図27**）に、「近來の大失態」という見出しで、かなり詳細にこの事件を紹介している。ネタ元が身内にある強みで、思う存分工藤は書きまくった。

定芳に肩入れした『日本』という新聞（**図28**）は、一八八九年二月一一日、紀元節（現・建国記念日）に大日本帝國憲法が発布されたのを期して創刊されたもので、かなり硬派の論調で君臨していた。事件当時は主幹に三宅雪嶺（注34）を据え、大所帯を張っていた。定芳は、この新聞の硬派ぶりを、記事に一切ルビを振らなかった、と伝えているが、これは勘違いで、現物を見ると、当時の新聞と同列で、ちゃんとルビは振ってある。創刊当

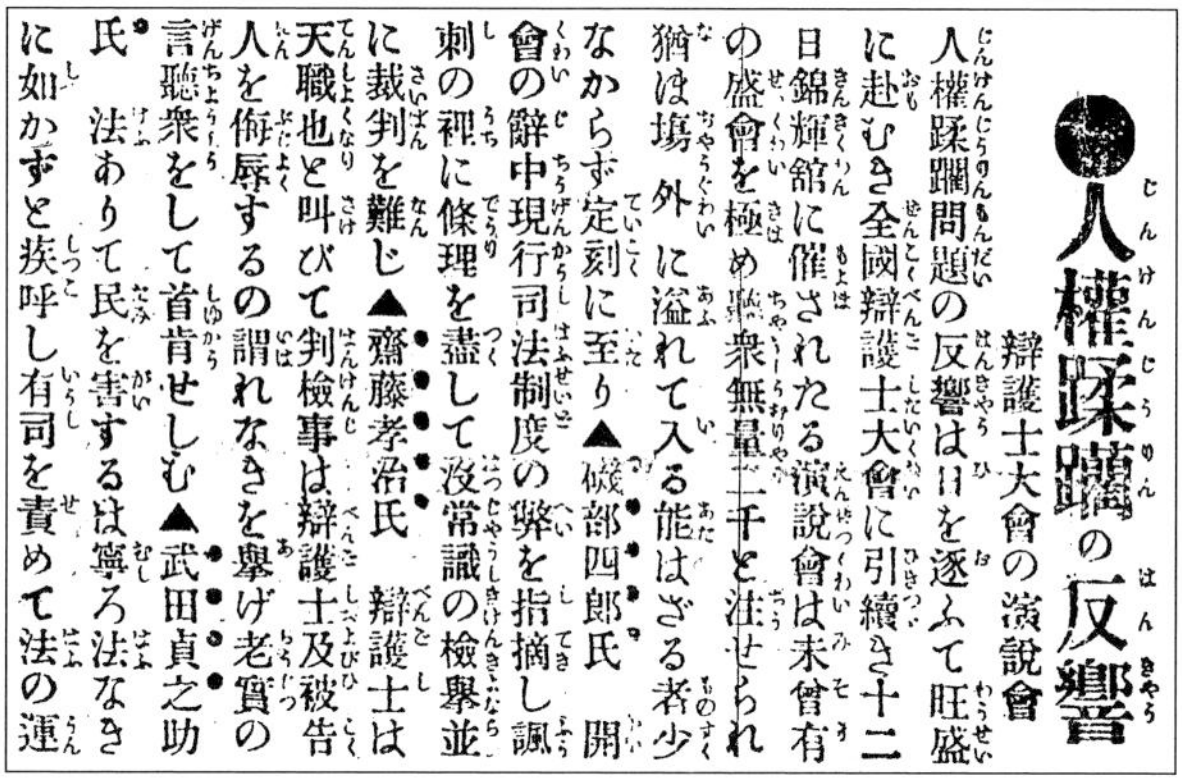

# 人權蹂躙《じんけんじうりん》の反響《はんきやう》

辯護士大會の演說會

人權蹂躙問題《じんけんじうりんもんだい》の反響《はんきやう》は日《ひ》を逐《お》ふて旺盛《わうせい》に赴《おも》むき全國辯護士大會《ぜんこくべんごしたいくわい》に引續《ひきつゞ》き十二日錦輝舘《きんきくわん》に催《もよほ》されたる演說會《えんぜつくわい》は未曾有《みぞう》の盛會《せいくわい》を極《きは》め聽衆無量《ちやうしうむりやう》二千と注《ちう》せられ猶《な》ほ場外《ぢやうぐわい》に溢《あふ》れて入《い》る能《あた》はざる者少《ものすく》なからず定刻《ていこく》に至《いた》り▲磯部四郎氏　開會《かいくわい》の辭中《じちう》現行司法制度《げんかうしはふせいど》の弊《へい》を指摘《してき》し諷刺《ふうし》の裡《うち》に條理《でうり》を盡《つく》して沒常識《ぼつじやうしき》の檢擧並《けんきよなら》に裁判《さいばん》を難《なん》じ▲齋藤孝治氏　辯護士《べんごし》は天職也《てんしよくなり》と叫《さけ》びて判檢事《はんけんじ》は辯護士及被告《べんごしおよびひこく》人《にん》を侮辱《ぶじよく》するの謂《いは》れなきを擧《あ》げ老實《らうじつ》の言聽衆《げんちやうしう》をして首肯《しゆかう》せしむ▲武田貞之助氏　法《はふ》ありて民《たみ》を害《がい》するは寧《むし》ろ法《はふ》なきに如《し》かずと疾呼《しつこ》し有司《いうし》を責《せ》めて法《はふ》の運《うん》

（日本，1909年12月13日刊より）

**図29**　人権蹂躙非難の全国弁護士大会で，定芳の事件は格好の題材となった

日、時の文部大臣森有禮《ありのり》が暴漢に襲われ、翌日絶命するという大事件があった。この件を「有禮が無禮の者にしてやられ」と詠んだところを見ると、定芳が思っていたほど硬派ではなかったのかもしれない。一九一四年一二月三一日をもって廃刊となった。

『日本』記者の工藤鐵男は事件以前から血脇の許にしげしげと出入りし、血脇の弟分と見なされていた。法律に明るいのを見込まれ、東歯醫専で三年級に対する法制の課外講義を担当した。もともと面倒見がよい性格なのが、スワお家の一大事、と約一か月に亘って東奔西走してくれたのだから、定芳にとってこれほど心強い味方はなかった。しばらくして記者を辞めて政治家を志し、一九一三年から二年に亘りロンドンに遊学し、帰朝後、民政党に籍を置き、地元の青森から選挙に打って出て代議士となった。

「東京齒科醫會」というのは血脇が活動の拠点として作った私塾のようなもので、前述のように、定芳は『齒科評論』誌上で、会の動向を伝えたり、対抗していた日齒醫専を論難したりしていた。血脇としては反対派の謀略も否定できない、と心配したのも無理はない。しかし、結果として、警察の単純ミス、と分かったので肩すかしを喰った格好に終わった。

一九〇九年一二月一三日第一面（**図29**）でも、「人権蹂躙の反響」との見出しで、前日錦輝館で催された人権蹂躙問題の演説会の様子を伝えている。石山爾平は、赤坂警察署で起こった定芳不法拘留事件を引用して、「検事及警察官は罪人製造に苦心するのみ」と嘲けり、「寺木事件に對して謹直なる平田内相は如何なる處分を爲すべきか」と世話を焼いた。定芳の担当弁護人である宮島次郎は「人權蹂躙は時代の風潮也、斯る（赤坂齒科醫事件のような）風潮は斷じて改めざるべからず」と批判した。

正式裁判の結果は無論無罪（注35）であった。この騒ぎは東京中の新聞にデカデカと定芳の名を売ることとなり、開業早々の身にはまたとない福音だった。

警察が強権を発動してまで定芳の逮捕拘留に踏み切ったのか、真相は大分後になって判明したが、何とそれは定芳の性格が招いた口禍だったのである。

定芳が警察へ呼ばれるひと月ほど前の一一月四日、哈爾濱《はるびん》で安重根に暗殺された伊藤博文の国葬（注36）があった。霊南坂上の朝鮮総督府から霊柩が日比谷公園に特設された斎場へ行く時、坂下の定芳の家の前を通った。人一倍物見高い定芳ももちろん家の前に立って今や遅しと霊柩を待ち構えていた。そこへ一匹の犬が人込みの下をくぐってチョコチョコ出てくる。警備の警官がつかまえようとすると、人込みの中へ入る、また出てくる、の繰り返しの果て、定芳の足の下からひょいと首を出した。発見した警官が、いきなり「コラッ、何だって犬をだすんだ。しばっておくように布告してある筈だ。犬をおさえていろ」と怒鳴った。売り言葉に買い言葉で、「何ッ、おれの犬でもないものを、どうしばっておけるかってんだ。そんなに気になるなら、君のサーベルにでもしばって、犬のお供をしてろ」と、やり返してしまった。周囲は大爆笑、警官はジロリと定芳の顔を見、ジロリと寺木歯科の看板を見て、何も言わずに、向うの方へ行ってしまった。これを根に持った警官が、古い法律書をひっくり返して、無届け開業で引っ張ろう、ということになったらしい。要するに自分でまいた種が、実を結んで自分自身にふりかかって来ただけのことであった。

こんな騒ぎを引き起こしながらの赤坂開業だったが、暫くして矯正の看板を外して一般治療にシフトした。赤坂見附近くに華族女學校（後の学習院女子部）もあり、立地条件としては最高の場所だったが、矯正治療というものに関する一般の認識が乏しく、専門開業の土壌は未だできていなかったのである。しかも、定芳は弾みでアングルスクールへ入ったまでで、元来、矯正治療に打ち込もうなどという気はさらさらなかったのである。

（注32）河合武雄は一八七七年生まれの新派の俳優で、喜多村禄郎や伊井蓉峰らと公衆劇壇を結成し、「通夜物語」「己が罪」「二人静」などで、女形として絶大な人気を博した。一九四二年死去。

（注33）『齒科學報』一五巻一號（一九一〇年）には、「法令を接するに明治三十九年警視廳令第四十三號に醫師齒科醫獸醫産婆は開業移轉共に警察署に届出べき旨の規定あり左れど同年齒科醫師法施行規則の發布あり醫師及齒科醫師の異動は單に所轄地方廳にのみ届出べき事となりたるより警視廳にても同年廳令第七十六號を以て第四十三號の内醫師齒科醫師の六字を削除せり卽ち警察署に届出べき義務は明治三十九年十月より當然消滅しありたるなり」とある。

（注34）雄二郎・三宅雪嶺は一八六〇年金沢で生まれた。一八八八年『日本人』を創刊したが、のちに新聞『日本』と合併し、雑誌自体は『日本及日本人』と改題した。女婿に中野正剛がいる。晩年文化勲章を受章した。一九四五年死去。

（注35）一二月一六日には大倉邸（現・ホテルオークラ）から下がったところにあった赤坂區裁判所において公判が開かれたが、告発するはずの検事が誤判として無罪を論告するという異例な展開となった。弁護士宮島次郎は弁護そっちのけで人権擁護問題について約四〇分にわたる怪気炎をあげる始末で、定芳はにんまりしながら判決に聞き入る余裕ぶりだった。もちろん判決は無罪で、お祭り騒ぎはめでたく収まった。

（注36）枢密院議長であり、高島多米治の最大のスポンサーであった伊藤博文は、日露交渉で哈爾濱入りした一九〇九年一〇月二六日、安重根に狙撃され、命を落とした。享年六八歳。

その葬儀は、一一月四日、国葬を以て行われた。各新聞は、日比谷公園に特設された斎場の見取り図をはじめ、總督府から斎場までの経路、見送るに当たっての諸注意など、事細かに書きたてた。物見高い連中が早朝から繰り出してくるなか、定芳の住居はまさに一等地で、当日は診療などしていられない状況だった。警備する側もかなりピリピリしていた中、事件は起こったのである。

なお、朝鮮總督という職ができるのは一九一〇年一〇月一日からで、それ以前は韓国統監と称された。第一代が伊藤博文で、第三代の寺内正毅が、職名変更で、第一代朝鮮總督となった。以後、僅かな例外を除き、この職は陸軍大将が勤めた。大磯にあった伊藤博文の別荘「滄浪閣」付近の国道一号は「統監道」と名付けられ、松並木が残っている。

## 梁山泊もかくやの寺木歯科

アメリカ帰りの〝ドクトル・テラキ〟が自前の診療所を構えたことが伝わると、教えを請いに訪れるもの、住み込み書生を希望するもの、紅灯の巷へ誘い出しにくるものなど引きも切らず、賑やかなことの好きな定芳は悦に入った。

ごく近くに赤坂という絶好の遊び場があり、新橋や柳橋より後発であったが、美形の芸者を揃え、二橋を凌ぐ隆盛ぶりだった。二橋は悔しがって、あの赤坂村が、と嘲った。定芳はこの物言いが気に入って、自ら赤坂村人と号した。赤坂を出た後も〝寺木村人〟を終生のペンネームとした。

師匠が師匠なら弟子も弟子で、蝟集する人材はどれもこれも一筋縄ではいかない面々であった。出色は静岡出身の山田順策で、定芳の手ほどきもよかった（？）のであろうが、二年足らずの勤務の間に、赤坂での遊びは師をも凌ぐ程に上達した。静岡へ帰ってからは政治や実業の世界にも進出し、静岡市会議長やバス会社の社長を務め、ついには代議士となり、後述する「齒科軍醫」問題や「國民醫療法」などでは大いに活躍した（図30）。

実はこの山田をはじめ何人もの歯科人が一九三六年二月二五日の総選挙に立候補したが、枕を並べて討ち死にした。供託金は当時の金で二、〇〇〇円という大金であったが、軒並み没収された。歯医者は、二、〇〇〇円

# 山田順策代議士奮戰力鬪記

## 國民醫療法案特別委員會に於ける一問一答

――一月二十七日の第三回委員會で――

獅子吼する山田代議士

○柴安委員長　開會致します――山田順策君

○山田(順)委員　此の際大臣に質問致すことは保留致して置きますが、順次條を逐うて質問を續けて行きたいと思ひます。此の度健康保險法と職員健康保險法の改正を致しまして、之を統一させると云ふことは洵に我が意を得たる改正案のやうに考へて居るのでございます。そこで私は百尺竿頭一歩を進めて、政府の職員の共濟組合をも統一させる必要があるではないかと考へて居るのでございまするが、之に對しては一體どう云ふ風な考へ方を持つて居りまするか、將來之を統一さして行かうと云ふ御意思があるか此の點を先づ第一に御伺ひしたいと思ひます。

○武井厚生次官　御質問の點洵に御尤もと存じます。當局と致しましては健康保險に關する各種の制度は出來る限り之を單一化して綜合的なものたらしめたいと云ふ考へを持つて居りまして、昨年の春以來色々と研究致しましたのでありますが、先づ以て健康保險及び職員健康保險の統一を致して、事務の簡易化を圖らう次に考へることは健康保險法と國民健康保險法との統一とか云ふ問題にならうかと思ひます。御話になりました職員共濟組合等に付きましては御意見のやうな次第もありまして、色々と研究は致して見ました。成べく統一して、此の執行に當つては各官廳足並を揃へて行くやうに致すことが、國民保險の實を擧げる上に於ても、又此の保險に

（日本歯科評論第18號，1942，山田順策記事より）

**図30**　赤坂の寺木歯科に寄寓していた山田順策は，後に代議士となり，歯科軍醫問題などで活躍した

あったら診療室の改築ができたのに、などとけちなことを言うな、このくらいの金は、運命共同体の材料屋さん達が、奉加帳でも回して用立てたらどうか、と定芳は評論誌上で吹いた。歯科医師の地位向上には政治を動かすべき、というのが定芳の持論だったからである。

医政に関しては、御大血脇も並々ならぬ関心を示していた。それを助長したのが親友の金杉英五郎[注37]だった。金杉は、榎本積一同様、駿河台に豪壮な医院を構えていた。その応接室に血脇御一統様を招いては、医政問題を論議することが多かった。定芳も血脇のお伴をして参上したことがあったが、そのあまりの大言壮語ぶりにカチンときて、満座が謹聴している最中、足をテーブルの上に上げて大あくび、果てはゴロンと横になってしまった。金杉の怒るまいことか。「誰だ、あの生意気な小僧は」ということになり、以後金杉邸には出入り禁止となった。しまったと思ったが後の祭り、すごすごとその場を退散した定芳であっ

たが、翌日、大村一男から、「いやぁ、昨日は痛快だったよ」と肩を叩かれ、反省気分など瞬時にして消し飛んでしまった。

大ボラを除けばこの金杉、政財官界に広く人脈を持っていたので、東歯の経営にはなくてはならない人物だった。

（注37）金杉英五郎は財閥岩崎家の主治医だった。定芳の『裏ばなし・今昔ものがたり・日本の歯界』によれば、あるとき、金杉は岩崎家当主の蓄膿の手術をしたが失敗に終わった、この手術が原因か定かではないが、岩崎は死んでしまった。ところがさすが岩崎家、大枚の謝礼が届けられた。その金で金杉はドイツに遊学したが、口さがないスズメ共は、「あれはほとぼりを冷ますための海外逃亡だ」と噂した。

比較的最近まで、上顎洞炎を俗に「蓄膿」と呼んで、歯肉と口唇との境目からメスを入れ、骨をとって中の膿を掻き出す、というのが、日本独特の治療法だった。ところが上顎洞につながるほかの洞に炎症が広がっていると、この手術は根治手術とはならず、再発する事例もあった。あとになって嚢胞が生じ、上顎ガンの原因となることもある。

なお、歯科方面の主治医は日歯一回生の入交直重で、財閥解体後も岩崎家の求めに応じ、隠棲先の箱根まで律儀に往診した。

# 第五章

あんた、歯ブラシは使うかね？　当たり前でしょう、って？　じゃ、一日何回？　朝昼晩の三回か。ま、標準ぢゃやな。アメリカの歯医者で、患者一人終わるたびに磨いているのがいたが、ありゃ、極端だな。アライグマもびっくり、っていうやつだ。ブラシはどうだ。今はナイロンだが、昔は豚の毛、中には狸の毛、なんてのもあった。化かされて磨いた気になっちまうよな。江戸時代には房楊枝って言う代物があった。「本郷も兼康までは江戸の内」っていう句まである兼康から売り出して評判になった。そうそう、浮世絵にまで描かれたね。店は今でも本郷三丁目の角にあるが、ビルになっちまったので分かりにくい。この房楊枝、歯の表面の汚れをこすり落とすだけで、もちろん歯磨き粉なんか使わない。だいいち、歯磨き粉なんて、明治になってから広まりだしたもんだ。

この歯磨き粉、使っても使わなくても、どっちでも良い様なもんだが、一旦広まりだすと、清潔好きな日本人には大受けで、はじめは粉歯磨、そのうち粉が飛ばないようにってんで「半練り」がでた。そこまでは良かったんだが、一家でひと壜、じいさんから孫娘までが共有してたんだから、今の若い子が見たら卒倒もんだな。まあ、そのうちにペーストが出回って、今の形に近づいた。売る方もいろいろ工夫を凝らしたもんだ。これにまつわる裏話を一席伺うことにしようか。

## モデル歯磨顛末記

血脇守之助が歯科界の雄となれたのは、その脇を固める有能な股肱の臣がいたからに他ならない。世に血脇の四天王と呼ばれたのは、先にも触れたが、奥村鶴吉、花澤鼎、早川可美良、水野寛爾の面々だった。

そのなかで異色の存在は水野寛爾（図31）で、定芳が愛情を込めて言うように、「『のんべ』で『づぼら』で道楽者」であったが、それでいて「頭のするどさは天下一品、智謀横溢、稀にみる才人」だった。その才にまかせて、アイデアはほとばしり出るが、締めくくりが苦手で、結局は血脇御大を煩わせることが少なくなかった。其の最たるものが「モデル歯磨」事件である。

（東京歯科大學卒業アルバムより）

**図31**　アイデア横溢の水野寛爾

水野は「東京科學研究所」を設立して、歯科薬剤を売り出し、これが大当たりをとっていた。この水野が柳の下にもう一匹のドジョウを探そうとした。

定芳が赤坂に蟠踞していた頃、歯磨の最大手といえば関東では「ライオン歯磨」(注38)（図32）、関西では「クラブ歯磨」(注39)であった。とくにライオン歯磨の知名度は抜群で、現今では大問題になるところであろうが、巨人・ライオン歯磨にあやかって紛らわしい商品が続出した。ライオソ、ライオシ、ライオム、ライヨン、ライキン、ライカン、ライホン、ライオニ、ライオ、ライ、ラヱオン、ヲイオン、等々いじらしいまでであった。ライオン萬歳や武者ライオンなど、あくまでライオンの名跡に拘ったものもあったが、中には語感を似せて來恩などというものまで出現した。

（歯科學報広告頁より）

**図 32** ライオン歯磨の広告。可愛いライオンの絵が缶に描かれている

ライオンやクラブは、新聞や雑誌に大々的に広告を掲載し、人びとの購買意欲を誘った。(注40) しかし、そこには患者さんと直《じか》に接する歯科医師は介在していなかった。水野はそこに目をつけたのである。自らが開発した歯磨を、歯科医師を株主とする会社から売り出し、「歯医者さんの歯磨」とかいう触れ込みで、治療の前後あるいは最中に、「この歯磨はいゝですな」とか「この歯磨で朝晩磨いてごらんなさい」と勧めれば、厖大な広告費をかけずに売ることができるだろう、と考えたのである。

先見の明のある水野は、歯科衛生の普及のために、「歯科衛生研究會」を設立し、歯ブラシや洗口剤の製作に着手していた。こういう下地があるから行動は素早かった。小石川區小日向水道町で「日本歯科製剤」という合名会社の代表役員を務める、歯科医師の野村大助に出資を依頼して社長に据え、水野が専務に納まって、その名も「モデル歯磨」という会社を立ち上げた。もちろん、血脇守之助の影響力もちゃっかり利用したので、少なからぬ数の歯科医師が株を買ってくれた。事業は全国展開し、一時はかなりの浸透ぶりだった。

座視するわけにいかなくなったライオン歯磨は歯科医師の接待攻勢に出た。それまでも利益があがると販売店を招いて歓待していたが、今度は向きを歯科医師に代えた。(注41)

ある日、定芳の許へライオン歯磨から一通の招待状が舞い込んだ。より上質な歯磨を作るには、先生方の忌憚ない御意見を頂戴することが必要不可欠なので、お顔つなぎの意味で、御多忙の一夕を提供して頂きたい、と当たらず障らずの口上が書いてあった。会場も茅場町と道一つ隔てた龜島町の有名な中華料理店・偕楽園であった。断る理由もないので、いそいそと参上してみると、モデル歯磨に名前を利用されている三、四〇人が集まっていた。「おや、貴方も」などと言い合っているうちに豪華な料理が並び、御意見などそっちのけで、舌鼓を打った。帰りがけに外れなしの抽籤があって、それぞれが豪華な品物を手にした。定芳も正絹の五枚組座布団を頂戴した。接待というのは、いつの時代も変わらぬものである。

定芳の場合、これには続きがある。ライオン歯磨の広告部の口腔衛生科主任に東歯出身の緑川宗作[注42]という歯科医師がいて、歯の健康がらみの文章を盛んに書いていた。この緑川の依頼で、ライオン歯磨の新聞広告の片隅に、小さな活字ではあったが、口腔衛生に関する情報を五、六行書くことになった。毎月アメリカから届く雑誌を開けば、ネタはいくらでも転がっている。それでいて謝礼は帝大出の初任給と同じ、というのだから、おいしい話だった。ところが我が世の春は長くは続かず、一年あまりで突然打ち切りとなった。「モデル歯磨」の衰退と機を一にしてのことであった。

大資本を擁するライオン歯磨の反攻と水野の詰めの甘さ[注43]が相俟って、元気だったモデル歯磨も徐々に尻つぼみとなった。一九一四年初頭には一時盛り返したが、それも燃え尽きる直前の炎の揺らめきで、それから半年ほど、第一次世界大戦が始まる頃には、とうとうにっちもさっちも行かなくなった。株主の歯科医の間には動揺が走り、面と向かっては言わないまでも、非難は血脇に集中した。社長の野村は都落ちし、水野は東歯から身を引いた。所詮は士族の商法だったのである。

この年の『齒科學報』一〇月号に、職員の移動として、「多年母校に教授たりし水野寛爾氏は都合により辭任せられ新に講師を囑托せらるドクトル榎本美彦氏教授に就任せられ矯正學を擔當すること、なれり又助教授川上爲次郎氏は教授に助手武田譲氏は助教授に何れ昇進せらる」という記事が掲載された。有為転変は世の常とはいえ、水野の辞任と並んで、定芳の後釜となった榎本美彦の教授就任や川上爲次郎の教授昇格予定が報ぜられているのは皮肉である。なお、辞任後も講師としての身分を保有できたのは血脇の温情で、暫くして水野は脳を患ってこの世を去った。

定芳の師匠である高島多米治が、日齒の解剖学教授二村領次郎と開発した処方で仁丹から新しい歯磨を発売するのはずっと後のことである。

（注38）山田平太の『齒界往來』に、天龍寺住職平賢孝師談として、「宿場だから色んな人間が流れて集まった。この人間たちを安く使つて、いまの盛大をなしたのは花王石鹼とライオン齒磨ですよ。あれが旭町四番地に誕生した。兩方とも明治三十年頃です。ライオンの方は熊崎といふ人が小さな工場を持ち直ぐに小林さんにゆづつたが、花王石鹼も村田龜太郎といふ人がはじめて長瀬さんにゆづつたのだ」とある。天龍寺は甲州街道と明治通りの交差点の近くで、路地を隔てて都立新宿高校と隣り合っている。住職の言う「旭町」は町名変更という暴挙で消滅してしまった。

ところで山田の調査では、小林富次郎は、かなり以前から石鹸の製造を手がけていたが、職工の手が空くのがもったいない、と一八九六年の夏に一種の歯磨の製造を試みた、という説があるようである。歯磨事業の有望性をいちはやく見通してはいたが、試行錯誤の繰り返しで、苦し紛れに手を出したマッチの軸木の製造もままならず、一時は絶望の淵に沈んだという。それが、外国の製造法を教えてくれる人がいて、それからは順風満帆、今日の大をなすに至った。なお、今も石鹸や洗剤部門があるのは創業の因縁である。

（注39）「クラブ齒磨」はもともと洗粉の大手で、一九一〇年三月に白粉と歯磨粉を同時に発売してそれぞれ軌道に乗せた。

（注40）新聞広告に、ライオン齒磨の特効という惹句に続き、「本品は化學的の作用によって種々の奇効を奏し、齒牙を強固

にし又能く光澤を發せしむ、口中の汚物及び臭気を去るに鋭敏なり。又齲齒を治するに妙なり」などという人目を引く文言が踊っていた。モデル齒磨が消滅したあとの一九一七年正月の朝日新聞の第六面に打った全面広告では、「ライオン齒磨は齒科醫諸君公認の齒磨である」と明記している。

（注41）歯科医師への配慮は、その後形を変え、学生への奨学金なども醸出するようになった。それは『齒科學報』に載った記事からも分かる。すなわち、「小林富次郎氏の美擧」として、貧乏学生の学資補助や口腔衛生方面の研究費として、東歯へ毎月「五拾圓」を寄贈していることに感謝している。

（注42）緑川宗作はライオン歯磨の宣伝のために日本各地で講演会を開いた。その都度、多くの聴衆を集めたが、会津若松で開催した講演会では、高山齒科醫學院時代の教員・青山松次郎の尽力もあって、二、〇〇〇人を超える聴衆が会場を埋めた。緑川は一九二四年、『白い玉』という童話の月刊誌を創刊する。

（注43）水野のアイデアが大当たりをとったのはほかにもある。「試験問題答案集」である。いわゆる「文験」対策に、水野はできのよい学生を使って、既出問題の模範解答を作らせた。初めのうちあまり売れなかったので、権利を牛込の北村宗一に売却した。北村は内容を整備して販売方法にも工夫を凝らしたところ、これが飛ぶように売れ、「文験」が廃止されるまでの間、北村の懐には莫大な儲けが転がり込んだ。アイデアはすばらしいが詰めの甘い水野らしさの好例であろう。

## アメドクの連帯

立春を過ぎたとはいえ、まだ寒さの厳しい一九一一年二月、定芳の許に一通の書状が舞い込んだ。そこには、アメリカで歯科医学を修めた人々が集まって会を作ろうではないか、という主旨のことが書いてあった。

人並み以上の苦労はあったとはいえ、アメリカ帰りの歯科医師、いわゆるアメドクは、数も少なかったが、明治・大正期にはいうならば特権階級であった。歯科の先進国アメリカの大学の卒業証書があれば、直ちに「歯科醫籍」に登録された。都会の一等地で開業すれば富裕層が絶え間なく訪れ、学校に勤めれば若くして教授に補せられる。その特権階級がコミュニティを作ろうとするのは、まあ自然の流れである。

定芳が興味をそそられたのはそれだけではない。発起人の筆頭にアメドクの嚆矢と言うべき高山紀齋の名前があったことである。高山といえば定芳の師匠である血脇のまた師匠であり、まだ拝顔の栄に浴していない雲上人である。こんなお偉方からの誘いにいたく心をくすぐられた定芳は、一も二もなく参加を決めた。

三月三〇日、築地精養軒に集まったのは定芳を含め二〇余名を数えた。高山が座長となり、会の名称を「米國出身齒科醫會」と定め、簡単な会則を作った。次いで役員選挙に移り、菅沼友三郎が会長となった。定芳は、奥村鶴吉、志村誠磨とともに幹事となった。

菅沼友三郎はわが国最初の歯科医師と目される小幡英之助の弟子で、師のすすめでペンシルヴェニア大学に留学し、日本人で初めてアメリカの大学の卒業証書を手にした。この経歴が菅沼を会長に推したのである。血脇守之助の懐刀である奥村鶴吉は、一八九九年に弱冠一八歳で歯科医師免許を取得した逸材で、一九〇四年から約二年間ペンシルヴェニア大学に派遣されたが、これは教育制度の視察が目的で、歯科医学の研修ではなかった。

会の名前が何となくすっきりしない、と感じていた定芳はやがてはたと膝を打った。高山への気兼ね、と納得したのである。高山をはじめ、明治初期の帰国者は大学などの教育機関でなく、開業医の許で修行して免許を取った例が少なくなかった。時代が少し下がって菅沼の頃となると、伊澤信平や一井正典など、ぽつぽつと大学出の帰朝が始まる。ちなみに、『齒科時報』の記者が文部省担当課長に問い合わせたところ、一九〇六年の齒科醫師法制定以来この日までの海外修行者の名簿には、定芳を含め僅か一〇名(注44)しか載っていない。

（注44）朝比奈藤太郎（カリフォルニア州試験合格）、櫻井英一（ジョージタウン大学）、原玄了（コロラド州免許）、鈴木復三（ペンシルヴェニア歯科大学）、三好保之助（カンザス市歯科医学校）、隈元清（ワシントン州免許）、寺木定芳（メリーランド大学）、工藤陽太郎（オレゴン州免許）、寺尾幸吉（南カリフォルニア大学）、前田金助（サンフランシスコ医学校）。

医者や歯医者になるには、開業試験といって、お上が年に二回永樂病院でやる結構厳しい試験をくぐり抜けねばならん。試験委員に任官すると、これは高等官だから、大変な格式だった。え、高等官て何ですか？　昔は天皇や政府から任命されるお偉いサンがいたんぢゃよ。その試験官の半分は帝大系の医者で、あと半分は民間から出た。東歯に関係した人では一井さんぐらいだったが、立場上、守秘義務ッてぇのがあって、問題が漏れることはまずない。もっとも、敗戦後新しくなった国家試験の第二回だったかな、問題漏洩事件があって、大騒ぎになった。このての試験の合格率は学校の評判に関わるんで、学校ぐるみでやっちゃったんだな。それからは一〇年か一五年に一回くらい、漏れた漏れないで世間を騒がせているようだね。寝しょん便じゃあるまいし、みっともない話だね。専門學校が大学になったんだから、世俗的な開業試験なんかに振り回されずに、しっかり教育したらどうかね。受験テクニックとやら言うもので、やっとこさっとこ免許証を貰った手合いに、誰が安心して口を開けられるか、考えなくても分かるぢゃろう。

おっと、つい年寄りの繰り言になってしまった。吾輩はアメリカの大学の卒業証書のおかげで、忝なくも、免許を頂戴したから良かったが、「文験」に合格するのは難儀なんて言うものぢゃない。お上のお情けで、気まぐれで、免許を御下賜くださるのだから、一回の合格者は数えるほどしかいない。その狭き門を通らなきゃただの人だ。受験生は必死になって勉強した。だから苦学の書生達には前に出た問題集が受けたね。模範解答つきというのも泣かせる。え？　今と変わらないって？　ま、北村クンは当時の金でン万円儲けたと言うから豪勢なものだね。

こんな事情だから、受験生はかなり神経質になっていた。そんな折も折、伊澤さんがとんでもない問題を作った。文部省の管轄下にあった東歯では、表だって抗議ができない。もう時効だから言えるが、奥村クンから、教授とはいえ、常勤ではないから、自由な立場にある吾輩に、こっそり相談があったんだ。頼まれれば、越後から米搗きを連れてでも、という吾輩の性格をしっかり読んでいたんだな。当然話は大きくなる。火に油どころか、ベンジンを注いだみたいになって、吾輩は心底楽しめたね、伊澤さんには悪かったけど。

## スタンダード式事件

一九一一年九月の時事新報に小さな記事が載った。街で拾った話題を装ったさりげないもので、歯科の開業試験に不可解な問題が出て、受験生の不満が高まっている、というものであった。ところがこれは、実はとんでもない爆弾を隠し持っていて、後日歯科界を震撼させることになる大事件の発端であった。

この年の文部省が行った歯科醫師検定試験に「スタンダード式歯冠繼續術ヲ説明セヨ」という問題が出た。ナントカ式というと、通常、開発・発明者の名前がつけられる。ところが受験生は誰一人スタンダードさんなどという名前を知らない。白紙の答案用紙が続出した。しかし、苦節十年の受験生は腹の虫が治まらない。定芳の書生の中にもその当事者である受験生がいて、不平不満と文部省に対する怨嗟の声が治療室の中に充ち満ちた。もともと在野精神が横溢している定芳が黙っているわけがない。そこへ持ってきて、受験生を大量に抱えている奥村鶴吉から「何とかならないか」との依頼である。寝る間も惜しんで大作戦に没頭した。

事件の前年に東歯醫専と日歯醫専は「文験」免除の教育機関であるとの「指定」を受けていた。しかしこれは指定された年の入学者から適用されるもので、まだ該当する卒業生は出ておらず、この年の卒業生は、夜学生や独学生に混じって「文験」を受けた。試験規則が一九一三年九月に医科と歯科とに分離され、一九一七年に試験会場も分離されるまでは永樂町の永樂病院が試験会場だった。試験委員は文部省から委嘱されたが、委員には当時の日本歯科醫學會々長の伊澤信平(注45)を筆頭に一井正典(注46)、島峰徹、檜垣麟三(注47)など錚々たる連中が名を連ねていた。

この試験委員に任命されると、旅行の際には護衛がつくなどの厚遇を受け、権勢を悉《ほしいまま》にした。恐れ多くも、このようなお方様に楯突こうというのであるから、さすがの定芳も慎重にならざるを得ない。二年前に「オイコラ事件」で新聞の持つ威力を痛感した定芳は、ここでも新聞の力を借りることにした。

これより少し前、定芳の師匠・泉鏡花の許をしげしげと訪れる、岩永協という時事新報(注48)の社会部記者がいた。葭町の「常磐」という高級料理店の甥で、若いのになかなかの粋人であった。当然の成り行きで、定芳とはすっかりウマが合い、無二の親友になった。

時事新報という新聞は、一八八二年三月に福澤諭吉が創刊したもので、格調の高さが評判をとった。当時の新聞には、定芳が連載小説を書いたという東北日報などがそうであったように、かなり政党色が強い傾向があった。ところが時事新報は政治的には中立を守り、しかも硬派として鳴らした。しかし新聞は四角四面の記事だけでは売れない。社会面には多彩な記事を並べ、読者を楽しませたものである。

その社会部の記者のひとりと昵懇だったうえ、主筆の千葉龜雄は早稲田で同級ときている。これで時事新報を使わない手はない。時事新報社の前の八州亭という洋食屋に岩永記者を呼び出して、そろりと話を切り出した。思惑がはずれて、その場は聞き流されたと思っていたら、翌日電話がかかってきた。主筆に話をしたら、大々的に取り上げる、ということになった。ただ、歯科界の事情に疎い記者ではよく分からないので、歯科医である定芳が詳しく書く、というのが条件であった。また、話題が地味だから、一般受けする策を考えることも任された。もとより定芳にとっては渡りに船で、得意の筆を存分に振るえる、と大いに喜んだ。

さて、その策である。思案を巡らせていた定芳の頭にひらめいたのは学生大会だった。当事者である受験生を糾合《きゅうごう》して大会を催し、文部省にぶつけるという段取りである。

手始めに、定芳のオフィスに出入りする受験生と語らって仲間を集め、委員会を構成しておいた。委員たちにはあちこちのミルクホールや夜学生の控え室の壁に集会予告のビラを貼り歩かせた。

効果は抜群で、九月二一日午後五時から小川町の南明倶樂部で開催された集会は、東京中の受験生全部が集まったと思われるほどの大盛況であった。弁士は受験生で、交々《こもごも》立って熱弁をふるった。定芳を始め高島、福井、大村、門石、牧、木瀬などのほか、歯科界の名士数名が応援演説をした。のちに「あの時ほど身の入った演説をしたことはなかったし、あれほど大向こう受けした演説もなかった」と述懐するほど定芳自身も酔い痴れた。翌日の時事新報には、「歯科試驗問題に關する紛議　本に無い事が問題に出る　歯科醫生再試驗を議決す」と派手な見出しが躍った。当日会場に入りきれなかった人々には、翌日の同時刻に同一会合を催すということでお引き取り願う一幕もあった。

時事新報の記事の後段では、「▲何かの間違である」という惹句とともに定芳が登場する。出題者の大ポカであることを先刻承知の定芳は、しれっとして長々と分析をして見せた。

スタンダード式齒冠繼續術を説明せよとは一體どう云ふ學説かと云ふて受驗生に推し驅けられたので自分も斯る説は始めて耳にしたので知らんと答へるより外なかつたが文部省の試驗委員ともあらうものが無い事を問題に出す様な事もあるまいと千八百七年頃迄遡って歐米の著書雜誌を始め吾國學者の著書等を遍く漁って見たが更に見當らない又我々仲間のドクトル二十二名を始め斯界の名士の意見も徴して見たが誰も分らない、自分は玆に於て斯る學説の過去に於て行はれた事もなく又た現に行はれて居らぬといふ事を斷言するに憚らない果して然らば是は何かの間違ひではなからうか、スタンダードクラスプと云ふ言葉はあるがスタンダードクラオンと云ふ言葉はない併しスタンダードクラスプと云ふのは繼ぎ齒を留めるバネの事で本問題とは何等の關係がない試驗委員は之れをスタンダードクラオンと間違へたのではなからうか若し假りにスタンダードクラオンと云ふ言葉があるにしても之れは標準の齒冠繼續術となるのでマサカ試驗委員は標準の繼續術を聞く積りでもあるまいと思はれるが夫れにしても式といふ字が何のためにあるか分らないとどうしても之れはスタンダードと云ふ人が唱導した學税と見るより外はないのである夫れから問題は必ず日本語で出すべき筈になつて居るからスタンダード（標準）なる外國語を用ひたのは異式である兎に角今度の出來事は一面學生に取つては由々敷問題であるし且つ醫會の重大問題ともなつて居るので充分研究を要するのである

ところで、一九一一年度第二回の試験問題はどのようなものであったか。現在のコンピュータ試験とはおよそかけ離れたものなので、『齒科學報』第一六巻一〇號に掲載されたもののうち、東京の分を再掲してみよう。

歯科解剖學
第一問　歯牙ト上顎骨トノ關係如何
第二問　硝子様軟骨ノ組織的構造如何
歯科生理學
第一問　血液ノ成分及其生理的機能如何
第二問　造歯細胞ノ官能如何
口腔外科學及歯科病理學
第一問　潜伏歯ニ由來スル病狀及其類症鑑別如何
第二問　抜歯後疼痛ノ原因及其療法如何
歯科治術學
第一問　如何ナル方法ヲ以テ苦痛ナク歯髓ニ卽時摘出法ヲ施シ得ルヤ
第二問　「アマルガム」充塡ニ適應スル齲窩ノ狀態ヲ示セ
歯科藥物學
第一問　石炭酸ノ性狀及副作用ヲ記セ
第二問　强心劑ノ二三ヲ擧ゲ其處方ヲ記セ
歯科技工學
第一問　下顎骨折ノ副木調製法ヲ記セ
第二問　**スタンダード式歯冠繼續術ヲ說明セヨ**

並んでいる選択肢のなかから正しいものを選ぶ、という現在のコンピュータ試験に比べ、相当に歯ごたえがある問題がひしめいている。しかも採点は試験委員の恣意に任される。時代を問わず、このての試験では落とすことに力が注がれがちである。自分の権威を示す絶好の機会到来、とやられては、受験生残酷物語である。かてて加えて「スタンダードさん」の登場となれば、日頃の鬱憤は爆発せざるを得ない。

反論の余地もなかった文部省は、九月二五日、「同省告示第二百三十號」で該当問題の取り消しと再試験の施行を発表した。(注49) 定芳側の全面勝利である。

なお、再試験を受けたのは七二名で、人数の関係か、縁起を担いで永樂病院を避けたのか、試験会場は現在の東大農学部のはずれにあった一高に代わっている。結果として何人がこの恩恵に浴し開業免許を手にしたかは詳らかではない。

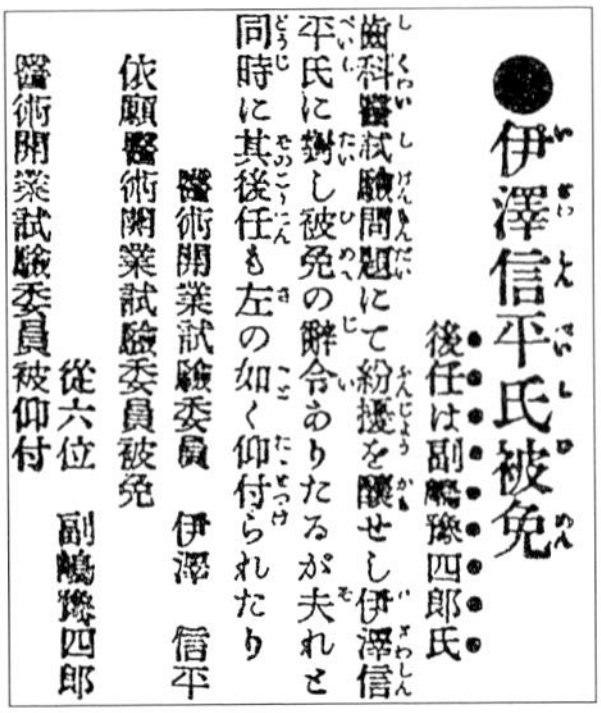
●伊澤信平氏被免

後任は副嶋務四郎氏

歯科醫試驗問題《しくわいしけんもんだい》にて紛擾《ふんじよう》を釀《かも》せし伊澤信平《いさはしんぺい》氏に對《たい》し被免《ひめん》の辭令《じれい》ありたるが夫《そ》れと同時《どうじ》に其後任《そのこうにん》も左《さ》の如《ごと》く仰付《おほせつけ》られたり

醫術開業試驗委員　伊澤　信平

依願醫術開業試驗委員被免

從六位　副嶋務四郎

醫術開業試驗委員被仰付

（時事新報，1911年11月8日刊4面より）

**図33**　伊澤信平は自ら試験委員を辞任した

事態は更に進展し、大会決議そのまま、出題委員の辞任にまで至った。

一一月八日の時事新報第四面には、伊澤信平氏被免の文字が躍った（**図33**）。出題した伊澤信平は、騒ぎが大きくなったのを恥じ、自ら申し出て委員を辞職した。(注50) 政府は銀盃ひと組を贈って長年に亘るその労を犒《ねぎら》った。銀盃と引き替えに、定芳はついに試験委員の首まで取ってしまったのである。

斗酒尚辞せずの酒豪であった伊澤は、この五年後脳溢血で倒れ、長期に亘る療養の甲斐なく、一九二一年六月、長逝し

（齒科學報，第 26 巻 7 號より）

**図 34**　奏任官だった故伊澤信平

た（**図 34**）。『齒科學報』は三頁に亘る追悼記事でその死を悼んだ。

（注45）伊澤信平は伊澤磐安の子であったが、一族の伊澤道盛の養子となった。養父道盛は麻布鳥居坂で開業していたが、一八七八年一月一〇日から親友の津田仙が経営する縄賣捌處に分院を設けるに当たり、ISAWA DENTISTと日本で初めて横文字で表記した人物と言われる（山田平太『齒界往來』）。

この伊澤家は、祖の信美が初めて口科を修め、道盛の父信金は幕府医官の佐藤道碩に師事した後黒田家に仕えた。道盛は一族の伊澤磐安に医学の手ほどきを受け、のち津田仙の紹介で小幡英之助の門に入り、開業試験に合格した（東京病院）。一八八六年から九三年まで齒科醫術開業試驗委員を務めた。

信平は東京大學醫科大學（現・東大医学部）に学んだが、家業を継ぐこととなり、一八八八年ハーバード大学に入り卒業後ドイツ、イギリスを回って研鑽を積んだ。一八九二年三月帰朝し、銀座周辺と本宅の麻布鳥居坂で診療に従事する傍ら、「齒科講義會」で齒科器械学を講じた。一八九三年から『齒科攻究彙報』を発行した。同年から養父道盛に代わって試験委員となった。したがって、二〇年近くも試験委員を務めていたことになる。

（注46）一井正典は、一八八五年に渡米して高山紀齋の師でもあるヴァンデンボルグの教えを受け、その後フィラデルフィア歯科大学に学んだ。熱心な研鑽の後オレゴン大学の教授を務めたが、一八九四年に帰国した。高山齒科醫學院で教鞭を執っていたが再び渡米し、歯科無痛治療の研究に従事した。帰国後の一九〇〇年に文部省醫術開業試驗委員を拝命した。

（注47）島峰徹と檜垣麟三はともに帝大出の医者で、永楽町の永樂病院、のち文部省齒科病院に属し、島峰はその後身である東京高等齒科醫學校（現・東京医科歯科大学）の校長になり、檜垣は晩年神奈川歯科大学の初代学長を務めた。

（注48）有能な記者を抱え、世界的なスクープを連発した時事新報も、関東大震災で大打撃を受け、失速した。てこ入れのため鐘紡から武藤山治を迎えたが、帝人疑獄で大キャンペーンを張っている最中、肝心の武藤が暴漢に射殺され、ますます窮地に陥った。やがて東京日々新聞に併合され、敗戦後一時独立したが、産経時事を経て、結局は産経新聞の傘下に入った。もともとは政府の機関紙のような新聞として立案され、明治一四年の政変で軌道修正された不偏不党の時事新報が、政府を巻き込む昭和初期の大疑獄事件の報道で凋落の一歩を踏み出すのも何か因縁めいたものを感じさせる。

（注49）時事新報（一九一一年九月二四日）の記事によれば、文部当局者の語るところとして、「齒科技工學第二問は『スタンダード』式齒冠繼續術の説明を求むるに在りたり然るに本問題に附する答案を見るに多く問題の意を了解し得ざるが如きより段々調査するに『スタンダード』式とは人名より出でしにあらず出題者は標準となるべき式を意味する積なりしと云ふも我國及び外國の著書雜誌を渉獵するに此の如き言葉なし其の術語にあらざるは殆んど疑なし然らば教科書等に之れなき語を以て試驗するは妥當ならず是故本省に於ては種々攻究の末此の問題は之を取消すの外なしと決定したり他に第一問あり此は極めて通常のものにして之によりて齒科技工學の學力を考査するに十分なるものと認めたるに由り第一問のみにて點數を取ること、爲したり尤も受驗者中には第二問の『スタンダード』式云々に付種々考慮を費したるが爲め第一問を十分に解答するの餘裕なかりしものもあらん是等のものに對しては直に第一問だけにて採點するは公平を失するの虞あるに付再試驗を希望する者の爲めには更に技工學全部に對し試驗の仕直しを爲すこと、なしたり」という文言が掲載された。

（注50）伊澤信平は一九〇二年一月に発足した日本齒科醫學會の会長を長く務めていたが、スタンダード事件をきっかけに、一九一二年三月、その職を辞し、血脇守之助がその後を襲った。

## またもや診療室の移転

定芳完勝で騒ぎが収まると、手持ちぶさたの定芳は診療所の移転を思いついた。日本醫籍録（東京醫事時論社）によれば、「芝口一新橋ビル」となっている。芝口一丁目の新橋ビルがあった場所は現在の新橋一丁目八番地付近に相当する（**図35**）。昔は溜池から濱御殿（浜離宮園）へ水路が通っていて、それが埋め立てられてで

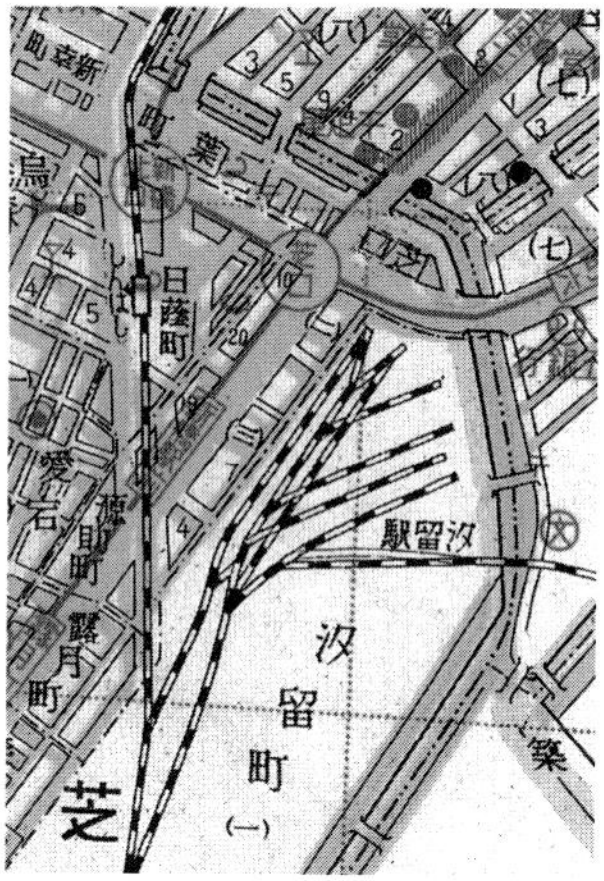


（アイランズ：東京の戦前　昔恋しい散歩地図，草思社，東京，2004より）

**図35**　赤坂から，「汽笛一声新橋を」の汐留駅の真ん前，市電芝口停留場の近くに移転した

きた道路に面していた。近くには佃煮の玉木屋や天麩羅の橋善などの有名店があった。一九一二年九月というが、すでに大正天皇の御代に入っていた。

以後、定芳は新橋周辺に拘《こだわ》るが、なにせ「汽笛一声」の新橋で、鉄道の始発駅だった。今の汐留にあった新橋駅は定芳のオフィスからも指呼の距離であった。一九一四年に東京駅が開業し、新橋駅は定芳のオフィスの反対側に移るが、堀ビル二階に定着するまで、定芳は頻繁に新橋周辺を移り歩いた。

# 第六章

## 「齒科矯正學綱領」の上梓

定芳は学者ではない。意識の上では文士である。アメリカから帰国以来、学術誌に投稿したのも、雑文に近いものであった。その定芳が、満を持して、一九一三年六月に、一冊の本を書き上げた。表題は『齒科矯正學綱領』（図36）で、定価僅かに「壹圓」ということもあって、数千部売れた。別に、かなり贅沢な装丁本もある。

定芳は巷間流布する教科書や参考書を眺めて、むらむらと負けん気が首をもたげてくるのを抑えることができなかった。アメリカ仕込みの合理主義者である定芳は、もったいぶった漢文調で、無理に字数を稼ぐためか回りくどく、読者泣かせの代物が横行しているのは笑止千万、とかねがね感じていたからである。これらを定芳は、皮肉混じりに、「教科書文学」と名付けて軽蔑していた。当然の帰結として定芳の文章は、わかりやすさと読みやすさに徹したものとなった。

いわゆる「教科書文学」という当時の社会通念の対極を求めようとした定芳の行為は、かつて矯正歯科界に一

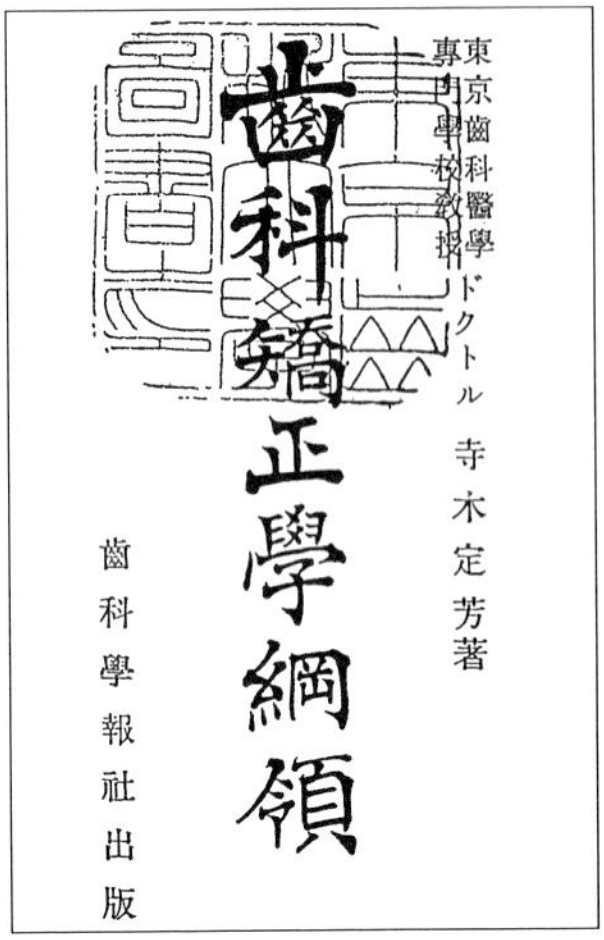


**図36**　定芳の著した「齒科矯正學綱領」

大センセイションをもたらしたアングルの足跡を辿ったものともいえる。

当の本人は至極御満悦であったが、この本の出版に当たっては、定芳らしさが仇となって、折角書いた原稿が一時はお蔵入りするかと危惧されるほど、揉めに揉めた。表だって記述法に文句をつけるのを憚った守旧派は、内容が従来の常識とはかけ離れているので、受験生の参考にならない、という意見をひねり出してきたのである。定芳自身も「斷片的で、直覺的で上すべりの、統一のない、専門書として殆んど從來の型を破壞した突飛な試み」と認めている位だから、この本の出版に首を傾げたくなる向きがあるのは当然であった。それを、「成書ではない、參考書なんだから」と奥村鶴吉がひとり頑張って、ようやく上梓に漕ぎつけた。『齒科學報』第一八巻第六號でも、「寺木ドクトルに請ひ平易明快の筆を以て極めて通俗的に矯正術の一般を述べ以て世の開業醫及學生の參考に資するところあらんとす」と出版を予告した。

いったんは窮地に追い込まれた定芳であったが、光明が見えてくるとたんに元気を取り戻して、序文と言うべき「はしがきに代へて」では意気軒昂ぶりを発揮した。曰く、「洋の東西を問はず、總て免れ難い人生に伴ふ虛色とでもいふのは大嫌ひです」。曰く、「齒科矯正學は如何なる定義が下されやう共、所詮は齒牙を移動せしむれば足る」。いかにも現実主義者らしい定芳の面目躍如たるものがある。理屈をこねている暇があったら、さっさと歯を治せ、といわんばかりである。

確かに定芳の言うとおり、世の学術書はえてして難澁を極める風潮があった。哲学書などはその良い例で、読んで分からなかったら、わざと難しい言い回しをしたのか、翻訳だったら誤訳とみて間違いない。その証拠に、哲学者の座談は実に面白い。こんな人物が、何で持って回った文章を書くのか、首をかしげたくなる経験を持つ向きも少なくなかろう。なお、歯科においては、明治の中期、ガレットソンの口腔外科学を翻訳した『齒科全書』が受験生のバイブルのようにもてはやされたが、一方では難解で読者泣かせでもあった。なにせ誤訳の集合体で、おそらく訳者も内容を理解していなかったに違いない代物だった。

その点、定芳の著書は明快であった。しかし、正直言って、試験勉強の役には立たなかったであろう。学科でも実地でも、矯正は開業試験の範囲にあったが、どういう訳か出題されなかったので、安さにつられて購入した受験生に恨まれる事態に陥ることはなかった。とにかく、せいぜい五、六〇〇と踏んでいたのが、二、〇〇〇部くらい売れたのだから、御同慶の至りである。

序文の最後に、「近世驚くべき進歩を遂げた深い學理や理論やは、東京齒科醫學專門學校齒科學講義の矯正齒科學及び近き將來に世に問はんとする拙著齒科矯正學で充分に研究して見たいと思ひます」と、七面倒くさいことは東齒の講義録や、のちに世に問う教科書に譲るようなことを書いたが、これが奥村に言質を与えたことになり、一年後に東齒を退職する事態に発展する。

**齒科雑誌記者團**

大正のはじめ、歯科関係の雑誌はすでに複数発行されていた。そのうちのひとつ『齒科醫事新報』の東京支局長であった前田慶次が音頭をとって、「全國齒科雑誌記者團」なるものが結成された。一九一四年四月七日午後六時から、麹町區飯田河岸富士見樓に各社代表が集まった、と『齒科學報』に記されている。

集まったのは、齒科新報社の永持眞幸ら、齒科公論社の荒木盛英ら、齒科醫事新報社の原口匠ら、齒科學報社の川上爲次郎、齒口世界社の京田武男らで、それに三足目の草鞋として興した齒科評論社の寺木定芳も牧謙治を連れて出席した。

結成の目的は、対外問題に共同歩調をとることと、種々の会合に自由に出入りする権利を獲得すること、が主なもので、年二回ほど集まって情報交換することになった。さらに定芳の動議で、

一、陸海軍に歯科軍医を設けること
一、学校医として歯科医師を置くこと
一、医師対歯科医師の領域問題の解決を期すること

という決議をした。

この頃、医師と歯科医師との格差がはっきりしてきて、その是正のための主なテーマがこれらの三項目に集約されている。医師が日常的に抜歯を行う事例があるのに対し、歯科医師が死亡診断書を書いて大問題になったりした。(注51) 結団式の前年に開業試験は医科と歯科に分離され、歯科の試験会場となった齒科醫術開業試験附屬病院(注52)では、上層部はすべて東大系の医師で占められ、歯科医師は教授にしない、と宣告された。日齒醫専卒業の高橋新次郎が教授になったのは、ずっと後の一九四〇年のことであった。

軍医は陸海軍とも医師が占め、そのトップである軍醫總監には森林太郎（歐外—陸軍）、高木兼寛（海軍）が就任し、ピラミッドを構成していた。歯科医師が従軍するときは軍属扱いで、将校としては遇されなかったのである。何とか歯科からも軍医を、というのが当時の歯科界の悲願で、定芳もこれに賛同していた。後にこの運動は実を結ぶが、それでも歯科は一段低くとどめ置かれ、最高位は少將止まりだった。決議の第一項はこの運動の一環としてだされたものである。これについては後に触れる。

第二項の学校医は、一八九八年にすでに市町村の公立学校に設置され、年二回の身体検査が行われ始める、という古い歴史を持つ。一九〇七年からは東京をきっかけに各地に学校医会が設置されたが、歯科は参加できなかった。この格差を除こうというのが趣旨であったが、決議の翌年には千葉県に初めて学校歯科医が設置さ

れた。決議の効果か、時代の趨勢かは定かでない。

第三項は根の深い問題である。もともとは医師というひとくくりの中に「口中医」というものがあって、口の中の健康を管理していた。下って、小幡英之助が「齒科」と明記して醫籍登録したのも、「醫師」のひとりとしてであった。このように、医科の一分野として歯科が存在する、という考え方が一元論である。これに対して、歯科は独自の学問体系と治療技術をを有する医療分野である、と主張するのが二元論である。東大や日齒醫専は前者の立場をとり、東齒醫専やアメリカの歯科教育機関は後者を主張した。これには「齒科」の成り立ちまで絡んでくるからややこしい。古くは、「口中医」とは別に、つげの木などを削って入れ歯を作る大道芸人（香具師）もいて、両者が混然と歯科分野を担当していた。明治に入って医療制度が整備され、大道芸人は排除されたが、他科に比べ一段低く見られたのか、医科のような政府の手厚い保護はなかった。政府の管轄下にあった東大はドイツ医学を採用し、多くの人材を留学させたが、歯科は殆んど顧みられなかった。東大に歯科が設置されるのは一九〇二年三月のことで、主任に外科出身の石原久が就任した。この石原がドイツ留学後教授となり、血脇ら私学の歯科人とたびたび摩擦を起こすことになる。定芳は『齒科評論』誌上で盛んに石原攻撃をしたが、のちに日齒に移ってからはじめて石原と顔を合わせ、その温厚な人柄に驚くことになる。立場上の言動と本質とが乖離するのはよくあることである。

（注51）日齒の指定第一回卒業生である青木貞亮が死亡診断書を発行したとき、医師側はこれに猛反発し、決着がつくまで長期の綱引きが行われた。青木はレントゲンと歯科補綴の大家で、隠退するまで補綴学会の名誉会頭を務めた。
（注52）内務省が醫術開業試驗場兼病院として麹町區永樂町（東京中央郵便局の裏手あたりに展開していた）に「永樂病院」を設立したのは一八八四年のことであった。一九〇三年に文部省に移管され、一九〇七年頃小石川區雜司ケ谷に移転し

た。一九一三年九月、醫術開業試驗規則は医科と歯科に分かれ、一九一七年医科部門は東大小石川分院となり、歯科部門は文部省歯科醫術開業試驗附屬病院となった。昭和の初頭、東京高等歯科醫學校が併設され、現在の東京医科歯科大学につながっている。

## できない講義録

東齒醫専の講義録は、その淵源を高山齒科醫學院が創設された一八九〇年一〇月から二年に亘って発行された『高山齒科醫學院講義録』にまで遡る、という古い歴史を持つ。學院などに通う時間に余裕のある昼間部の学生は優雅に勉学に勤しめたが、これは僅かに過ぎなかった。圧倒的に多かったのは、歯科医院に書生として住み込んで、昼間は院長の手伝いをしながら技術を会得し、夜になって夜学校に通ったり自習する苦学生であった。特に講義を直接聞けない後者にとって、機関誌『齒科翳學叢談』に分割掲載される講義の内容は貴重な情報源であった。これをまとめたものが『講義録』として出版されたが、東京歯科大学には和綴の豪華本が保存されている。

一八九九年末に高山から學院を継承した血脇守之助も講義録の発行に熱心であった。他に実用性のある受験対策本もなかったので、この講義録は売れに売れ、學院の財政を潤す一大収入源となった。第一輯『東京齒科醫學院講義録』、第二輯『齒科醫學講義』、第三輯『新纂齒科學講義』と改訂を重ね、いよいよ第四輯『齒科學講義』は一九一二年九月から刊行され始めた。専任ではないものの、歯科矯正学の教授である定芳にもお鉢が回ってきた。

ところがわが定芳、『齒科矯正學綱領』で勝手な熱を吹いたところで息切れして、講義録なんかどうでもよくなってしまった。『齒科學報』の内扉には麗々しく「矯正齒科學　寺木定芳」（図37）とあるので、学校側からは、まだかまだかの矢の催促。教室で喋ったことを誰かに筆記させ、それに手を入れればできあがり、というのは普通の講義録だが、定芳の講義は殆んど雑談で終始した。文学談義からアメリカでの失敗談、はては女性の顔の品定め、と聞いている学生は、格好の息抜き、とおもしろがったが、開業試験を受けるには何の役にも立たない。前述のように、矯正歯科学は試験科目には入っていたが、どういう訳か出題されたことがなかった。とはいうものの、雑談の講義録を出すわけにはいかない。格好をつけるためには改めて矯正歯科学の成書を播かなければならない。定芳は死んでもそんなことは御勘弁、と言を左右にして逃げ回った。

困ったのは血脇との間にはいった奥村鶴吉で、七重の膝を八重に折って執筆を懇願した。丁度その頃、アングルスクールの卒業生がアメリカから定芳を訪ねてきた。一計を案じた定芳はこの機会を捉え、アングル以外の治療法も書かなければならないので悩んでいる、と持ちかけた。相手は定芳の思惑にみごとにはまって、アングルに意向を聞くべきだ、と最高の意見を述べた。答えは分かっていたが、定芳はアングルに長文の手紙を書いた。ホプキン夫人の手になるアングルの返事は、「アングル矯正学以外はこの世に存在しない。アングル矯正学伝道の使徒となれ」という趣旨のものであった。定芳は鬼の首でも取ったようにこの手紙を携え、意気揚々と奥村のところにまかり出た。とっくにアングルとの約束は破っているのに、都合が悪くなるとアングルを持ち出す定芳に、ついに堪忍袋の緒が切れた奥村は、「そういうことなら、あんたにはやめて貰うしかない」

東京齒科醫學専門學校

齒科學講義

學生及開業醫 無二の大參考書

●全部約五千頁の大著（一冊約二五〇頁 圖畫多數挿入）

●五巻一月二十日發行（以下毎月一冊宛）

一冊正價金壹圓　郵稅 市内四錢　市外内地八錢　臺、樺、朝　廿錢　米國、清　參拾錢

◉本書に掲載すべき學科及執筆者左の如し

| | | | |
|---|---|---|---|
| 齒科解剖學 | ドクトル 奥村鶴吉 | 齒科充塡學 | ドクトル 奥村鶴吉 |
| 齒科組織學 | 花澤鼎 | 齒科技工學 | 早川可美良 |
| 齒科胎生學 | 同 | 繼續及架工術 | 水野寛爾 |
| 齒科生理學 | 水野寛爾 | 矯正齒科學 | ドクトル 寺木定芳 |
| 齒科材料學 | 同 | 口腔外科學 | 醫學士 鳾島尙純 |
| 齒科藥物學 | 早川可美良 | 内科及診斷學 | 醫學博士 二木謙三 |
| 口腔細菌學 | 綿引朝光 | 齒科法醫學 | 醫學士 三田定則 |
| 齒科病理學 | 花澤鼎 | 齒科醫學史 | ドクトル 奥村鶴吉 |
| 齒科治療學 | 川上爲二郎 | 口腔衞生學 | 同 同 |

◉掲載の順序は主として學科順を追ひ一學科二冊乃至五冊を以て讀切となし勉めて讀者の便利を計る積りであります

（歯科学報より）

**図 37**　「齒科學講義」の予告には，矯正齒科學の項にドクトル寺木定芳の名がある

と最後通牒。講義録の意義を全く理解していなかった定芳は、一瞬鼻白んだが、書かない自分が悪いことだけは重々承知していたので、はじめの勢いはどこへやら、すごすごと引きさがった。一九一四年八月には退任が決まり、九月には榎本積一の養嗣子となった榎本美彦が教授に就任した。同年一一月の『齒科學報』第一九巻一一號は、「數年來本校に於て齒科矯正學の教授たりしドクトル寺木定芳氏は今回辭任せらる…」と短く伝えている。一年数か月前、『齒科矯正學綱領』を上梓したときの奥村との蜜月関係が嘘のような急展開であった。[注53] かくて六年に亘る東歯教授時代は終わった。

（注53）定芳が執筆するはずだった『矯正齒科學』は、入れ替わって教授になったアメリカ帰りの榎本美彦が担当し、大正四年発行の齒科學講義第一八巻から第二〇巻にかけて掲載された。

## 短かった浪人生活

職を辞してみて初めて分かったことだが、定芳は手持ちぶさただった。というより寂しさにさいなまれた。診療所を持っていて、それなりに忙しい日常ではあったが、思ってもみなかった空洞がぽっかりと胸の内に生じた。

それを見透かしたように、ある日定芳のオフィスに出現したのが、誰あろう、定芳の中学時代の同級生、根本盛だった。背の高さでは欧米人に伍す定芳だったが、根本はそれよりも頭一つ飛び出すほどの長身だった。卒業後はお互い別々に上京して、つきあいも絶えたが、今度は永澤盛として登場した。青春にふさわしくいろいろ模索して、挙げ句の果てに日歯にたどり着き、卒業してもそのまま学校に残っている、とのことだった。それも中原校長の腹心だという触れ込みであった。

その永澤が、日歯で同僚の京田武男という男に会ってみないか、という。東歯で世話になっている間に染みついたアンチ日歯魂が未だ抜けきらないときだっただけでなく、京田が中原の縁戚であることも分かって、多少の抵抗があった。しかし、あまり熱心に口説くのに絆《ほだ》され、ちょっと行ってみるのも悪くはないか、という気になった。

連れて行かれたところは新宿の大木戸から天龍寺にかけて、甲州街道を挟んで展開していた岡場所で、京田はそこに流連《いつづ》けしていたようだった。場所を変えて徹夜で飲んだのが縁で、京田が手がけ始めていた『歯口世界』（図38）の編集を手伝うことになった。定芳が東歯を出されたことを聞いた中原が、永澤と京田に命じて一芝居打たせたことも十分考えられる。日歯にはその頃、矯正臨床がわかる人物がいなかったからである。

『歯口世界』は一九一三年一一月、日歯から創刊された月刊誌で、これについて『歯科學報』第一九巻第一號は「通俗口腔衛生普及を主眼として記述」と紹介している。「通俗」とは当時の感覚では「一般的」というようなニュアンスで、「軽蔑的」な意味合いはない。

**図38**　歯口世界の表紙。当時としては珍しくA4判だった

実質的には日歯に入った形の定芳だったが、最初のうちは三度の飯より好きな雑誌の編集に専念した。しかし、京田が業務をすべて定芳に任せっきりにしたので、しんどくなった定芳は『歯科評論』から松田英雄を引っこ抜いた。これが『歯口世界』第二巻第一號に「歯科評論記者寺木定芳他一名を招聘した」という記事になった。元東歯教授ではなくて、一雑誌記者としたのは、定芳の東歯への気兼ねである。

松田英雄は、『歯科評論』を定芳が主宰していた当時から、「舞鶴男」のペンネームで屡々投稿してきた。定芳が筆をふるっていたときには、投稿原稿など、一顧だにされなかったが、牧謙治が主宰するようになってから毎号採用される常連になり、そのうち専属記者になった。しかし、牧の編集方針に不満があり、快々として楽しまなかった。そこに目を付けた定芳が『歯口世界』へこないか、と声をかけたのである。

一方の京田は、その後、新聞記者になり、転じて、NHKのアナウンサーになり、と腰が据わらなかった。定芳が、筋書き通り教職に就いたとき、自動的に松田は『歯口世界』の編集責任者となった。暫くたって、京田は日歯に舞い戻ってきたが、雑誌には一切関わらなかった。

『歯口世界』は、京田が留守にしていた一九一七年に『歯科醫報』と改題され、三月に第一号を発行している。社名も「歯科醫報社」となり、「編輯松田英雄」と麗々しく表紙に刷り込まれたが、オーナーが中原であることには変わりがなかった。

松田英雄もなかなかの硬骨漢で、暫く後、雑誌のあり方で中原と対立し、日歯を飛び出して「新歯科醫報社」を興した。定芳は、その頃には既に日歯を辞めていたので、中原に遠慮することなく、求めに応じて『新歯科醫報』誌上に随筆を書きまくった。

当今はとんと流行らないが、昔はずばずばと人の悪口、あげ足とり、罵詈雑言、当たるを幸いまくし立て、世間もそうしたことを、拍手喝采、甚だ喜んだものだ。こんな風潮は赤い絨毯の国会がお手本を示すんだから心強い。こんなことも分からないんだったら、代議士やめちまえ、ってな調子だ。え？吉田さんが相手の挑発に乗って、「バカヤロウ」ってコップの水をひっかけたら解散になったたって？あったあった。だがね、あの程度で解散じゃ、税金の無駄遣いぢゃよ。ああ、昔は議論の内容がもっと高尚だったがね。爆弾演説なんてのもあって、一時間半や二時間ぐらい、滔々とぶちあげる。相手もよく勉強しているから、当意即妙できちっと答える。立ち往生したら大臣罷免だ。あらかじめ質問書を提出させて、官僚の作文を棒読みしたり、担当の局長を呼んで答弁させたり、今の大臣はだらしがないな。すぐ代わるから勉強する時間がない？　政治に命をかけていない連中の肩を持つのかね。旧制高校の学生なんか、青臭いと言われながらも、常に天下国家を論じていたもんぢやよ。

スケールは小さいが、吾輩もいろんなところで、相手かまわず、喧嘩を吹っかけたもんだよ。お上にも楯突いたが、一番面白かったのは原玄了君との丁々発止かな。三崎町にいたときもそうだったが、人の悪口を書いていれば、雑誌は結構売れたもんだ。今だったら名誉毀損だとか、ハラスメントだとか、言い返せばいいのに、すぐベソをかく。日本人の根性はどこへいっちまったのかね。明治どころか、昭和も遠くなりにけり、ぢやね。

## 原玄了とのトラブル

原玄了は、名前からも想像できるように、子供の頃は寺の小坊主だったらしい。縁あって、中原市五郎の知遇を受けたが、転がり込んできたとき持っていた行李の中には僧服が入っていた、と専らの噂であった。歯科医師になろうと決意して還俗し、中原の師匠筋に当たる岡田某の書生もした。暫くしてアメリカに渡り、コロラド州の歯科医師免許を取得して、ついでにアメリカ人の奥さんを同伴して帰朝した。一九〇八年日本の歯科医師免許も与えられ、中原の共立齒科醫學校で矯正歯科学の講義を担当した。しかし矯正は余技であり、日本齒科醫學専門學校と校名が改まった頃には開業に専念している。なかなかのアイデアマンで、「原オキスパラ」という薬剤を開発して歯科界に名を残した。芝・虎の門の大倉商業の横に建てた診療所は白ペンキ塗りの垢抜けた西洋館で、患者筋は外国人が多かった。傍ら、研究会を主催し、あわよくば東歯・日歯に次ぐ学校を経営しよう、という気概もあった。定芳の記憶では、色白の大男で目がギョロリと日本人ばなれの顔立ちだった。

日歯を退職する前後、原は『デンタル・ビー』という機関誌を発行したが、論説は原の独擅場で、主として東歯と一般歯科医が原の毒舌の犠牲になった。ただし、あまり売れ行きは芳しくなく、一年足らずで廃刊になった。根っから雑誌が好きなのか、懲りずに一九一三年、また雑誌を興した。その誌名を『歯科公論』と称した。(注54)

その雑誌の第三巻第六號に、「東京たより」というコラムがあり、本社社長片瀬に避暑す、という題で、社員が書いた形にはなっているが、明らかに原が書いたであろう記事が載った。写真に付けた解説に、日本の歯科医は夏も冬もただコツコツ働きづめているばかりだ、せめて真夏ぐらいは、吾が社長の如く、海浜の涼風の下で英気を養うぐらいの余裕を持ってはどうだ、という趣旨のことが書いてあった。つい筆が走って、歯科医師を、御丁寧にも、三種類に分類した。その第一は、完全に診療所を閉鎖して、精神を休養させるもっとも男子らしい紳士。第二は、本院を代診に任せ、避暑先であわよくば幾ばくかの稼ぎも企む、という虚栄心旺盛で内容空虚の連中。第三は、年中無休でがつがつ稼ぎ、避暑もしない品性下劣の輩。その第一に属するのは、「只僅かに原君一名のみに御座候」ときた。これが定芳にはカチンときた。

早速『歯口世界』を使い、「避暑の出來ぬ連中の代表者」として、二頁に亘る批判記事を書いた（図39）。その本音は、「大して広くもない田舎の貸家だからやむを得ず庭に蚊帳を吊って涼んでいるだけじゃないか、こんな貧乏たらしい避暑なんてチャンチャラおかしい、気のきいた歯科医は、もう少し避暑らしい夏を過ごしていますよ」と言いたいところを、大義名分で理論武装して、「避暑地でのほほんとしている間に、自分の大切

大正四年九月一日（一〇）　齒口世界　第三巻第九號

避暑せる原玄了さんへ

▲避暑の出來ぬ連中の代表者として▼

寺木生

原玄了さん！

齒科公論第三巻第六號即ち七月二十五日發行の分の「東京だより」といふのを拜見すると次の如き事がある。『然し當地にある四面の同業者中にはソロ／＼避暑に出掛る方も有之可くと存候。此節夏枯に依ても其人の品性如何を診斷し得可くと相信じ申候。小生は之等の人々を左の三種に區別致候。

第一に他人に依頼する事をなさず、職務に忠實にして此夏期に尤も閑散なる時を利用し全く自己の治療所を閉鎖し避暑旅行をなして精神を休養する人。

第二常に大家ぶりて多數の代診書生を置き夏期は必ず避暑旅行をなす、然し其實は自分の留守中も無責任なる代診に稼がせ置き、自分の旅行ケースにはヴアルカナイザーを忍ばせて避暑地に至りて勞働をなし都合よくば避暑地より釣錢を持歸る人。

第三自己の職業の如何なるものなるかも知らず、五錢均一位にて年中無休に勞働して避暑もなさず蓄財一方の人尤も此内に第四とも見る可き、處世法を知らずして終日勞働するも蓄財も得ず避暑も出來ざる人も多少は有之申可く候。然し之等に屬する人は將來第一第二第三の何れを自己の理想として進まんとするものなるやは不明に御座候。

而して第一に屬するものは尤も男子らしく紳士的に御座候。然し現今の歯科醫としては悲しいかな殆んど無之、只僅に原君一名のみに御座候。

第二に屬するものは甚だ少なからず、醫師會幹部連中に多く有之可くと存候。之等は今の新しき女の如く虚榮心のみ強く內容空虛の連中に御座候。

第三に屬するものは自己の職業如何も顧みず、社會的存在を沒却するも意とせず、只金錢のみを思ふ下劣の連中に御座候。』……と

言語道斷、隨分人を馬鹿にした、ひとりよがりの甚しいものである、就中「原君一名のみに御座候」と自分の避暑に行く廣告を自分の雜誌に掲げて得々たるに至つては些と同君の精神狀態の如何を考へざるをえぬ、時節柄御身御大切に遊ばしませだ。

元來、年中無休に勞働して避暑もならず蓄財を心がくる人が何故に品性下劣であるか、原君は自己の職業を何と心得てゐる、苟も醫師だ、人の疾患を治療し豫防すべき醫師だ、其の醫師が夏だからといつて上流を眞似て避暑とかいふ愚劣な眞似をするのが何が紳士の態度だ、紳士とは金持の人といふの意味ぢやない、紳士にも貧乏人もある、金持にも非紳士がゐる、いや多い、疾患には夏も冬もない、暑くつて御醫者様が御留守だから歯を痛くするのを一月ばかり延ばしませうと、病氣が遠慮する理由がない、原君

（歯口世界，第3巻9号，1915より）

**図 39**　泥仕合の発端となった歯口世界誌上での原玄了批判

な患者が病気になったらどうするのか。疾患には夏も冬もない。暑くつて御医者様が御留守だから歯を痛くするのを一月ばかり延ばしましょうと、病氣が遠慮する理由がない。まさか品性下劣の輩に頼むわけにも行くまい。片瀬あたりの海岸で、オー涼しい、と呑氣な顔をしていて社会に対する医師としての責任はどうするつもりだ」と皮肉ったのである。後先考えず、思った通りズバズバ言ってしまうまではよかったが、つい筆が滑って、「自分の安楽のために患者を犠牲にしてもよいと考えるのだったら日本にいて頂く必要はない。一日も早くアメリカへでも帰化したらどうか」と、奥さんがアメリカ人であることに託《かこつ》けて攻め立てた。

思った通り原は激怒した。自分の雑誌だからできることだろうが、『歯科公論』は全頁定芳罵倒で埋め尽くされた。三崎町から冨士見町へ身を転じたのをあげつらったつもりか、定芳の似顔絵付きで、「加賀様に橋のたもとで操売り」と、意味不明の落首もでかでかと掲げられた。長野県出身の中原がなぜ加賀様となってしまうのか。何はともあれ、真綿にくるんだ刃物の先でチクチクやられて、定芳もいささかうんざりした。しかし、最初に仕掛けたのは定芳だったから、泥仕合を避けて徹底的に無視した。ただしこの両者が一触即発の関係かというとそうでもない。会合などで顔を合わせると、ややあ、と非難合戦など忘れたように談笑するのだか

ら、周囲も開いた口が塞がらなかった。

性格の強さと尊大さを別にすれば、原は臨床医としても研究者としても高く評価される人物であった。(注55) 幸い、アメリカにも逃亡せず、一九三六年頃には、東京郊外で、悠々自適の隠居生活を楽しんでいる、との噂が定芳の耳に届いた。

（注54）『歯科公論』という雑誌はすでに一九一〇年に大阪の大林道春が月刊で発行している。情報の伝達がままならなかった時代とはいえ、原もかなり強引である。

（注55）原は、一九二六年三月に行われた第二回ピエールフォーシャール祭の記念講演会では、「本邦歯科醫學の變遷に就て」と題する堂々たる講演を行っている。これは数回に分けて『日本之歯界』に掲載されたが、実に緻密な調査の跡が窺われる。

# 第七章

## 日齒教授

何とも宙ぶらりんの形で日齒に顔を出していた定芳であったが、一九一五年七月三〇日に上野精養軒で行われた日本齒科醫専校友會學術部大會で、「咬合不正と遺傳論」という演題で講演した。この内容は同年九月から『齒口世界』に連載された。

それと時期を同じくして、ついに定芳は矯正学及び英語担当教授に任命された。「二君にまみえるとは不届きな」という声も起こったが、当の定芳は馬耳東風、歯牙にもかけず、新境地を楽しんだ。教壇に立つ、という大義名分で、『齒口世界』からは手を引き、相変わらず雑談中心の迷講義を展開した。その型破りの語り口には、結構熱烈なファンもついた。爆笑の渦の中で、ノートなんか取れるものではない。それでいて、何か琴線に触れるものを残すのだから、定芳の話術も大したもので、学生の反応を確かめながら、日々定芳は至極御満悦だった。その当時学生で、のち浅草松葉町で開業した佐野秀道もその毒気に当てられた一人だった。

一九五六年一〇月の日本歯科評論一六八号の随筆が定芳の講義ぶりを伝えている。

まずはその服装である。アメリカ帰りの先生という触れ込みなので、ストライプの三つ揃いに赤ネクタイ、同系色のポケッチーフを胸に飾って、ちょびひげでも生やして登場するものと思いきや、ぞろっぽい結城紬の文士風。歯切れのよい江戸弁で、講義というより、扇子片手に一席申し上げられてしまった。審美学、と言えば聞こえはよいが、女性の顔の品定めで二時間過ぎてしまうこともあった。それどころか、アメリカで僅かな期間に仕込んだことを一年間に喋るんだから、とても間がもたない。だから適当に休むよ、とうそぶく始末。それでも矯正をやろうという、高橋新次郎のような奇特な人物が現れるのだから、世の中捨てたものではない。もっともこの高橋、教室で騒いでいて鈴木復三の逆鱗に触れ、定芳が間に入って、二週間の停学で勘弁して貰ったのだから、多少は矯正に義理があった。

**火事で類焼**

世の中万事順調にいけば世話はないが、どっこいそうは問屋が卸さない。一九一七年三月一二日の午後八時、近所のイタリー人写真技師の家から出た火は、折からの烈風に煽られ、瞬く間に近隣に燃え広がった。附近には東伏見宮邸、米国大使館をはじめ大倉商業學校などがあるばかりでなく、藝妓屋や待合などが櫛比していたので、野次馬も多く駆けつけ、「場所柄の事とて戰場の如き混亂」という朝日新聞の見出しが決して誇張ではない騒ぎとなった。近衛師團は急遽一個大隊の兵士を出動させ､消火に協力した。八時五〇分には鎮火したが、火元のファーブルと相場師丹羽市藏の家は全焼し、定芳やその大家の材木商近藤鎌次郎など六軒が半焼の被害を受けた。

今では想像もできないであろうが、当時、映画のフィルムはセルロイド製で、映写機の過熱でも火事が起きたものであった。この火元でも毎日のようにフィルムのリプリントをしており、使っていた電氣の熱でフィルムが燃えてしまったものと推測された。

劇作家の小山内薫の家も、記事では「軒先を焼きたり」となっているが、事実は女中部屋が半焼している。

小山内が翌月『新小説』に書いた「泥の山」という火事の顛末記には、ホースの水が小山内家を突き抜けて裏の火元を直撃したので、小山内が外遊中に集めた貴重なコレクションが水浸しになったことが詳細に描かれている。

一方、定芳の住まいは、半焼とはいえ、水をかぶってしまったので使い物にならない。再建まで当分の間仮住まいを強いられた。『齒科醫報』第一號一九頁に、「立退先は赤坂區溜池三〇」とあるから、道ひとつ電車通り側で、ごく近所である。定芳はかなりの引っ越し魔であったが、火事で引っ越したのはこのときと震災に遭ったときだけである。

いや、その話か。そりゃ皆さん興味を持つだろうな。すっかり世間を騒がせちまった。だが、結婚した家内はもう私人だからね。そっとして置いてくれ、というのが偽らぬ心情だった。もう時効という頃になって、日齒のときの教え子の佐野クンあたりが日本齒科評論で蒸し返したのには恐れ入ったね。しかもそのタイトルが「寺木村人を偲ぶ」ってんだ。生きてるうちに偲ばれちまったお人はそう多くはないだろうな。

どうやって知り合ったかって？　なぜそんなことまで聞くの？　え、私もあやかりたいって？　実を言うと患者だったんだよ。そりゃずるいって？　ずるいってことはない。男と女が意気投合した結果だよ。吾輩の人生哲学のしからしむる所産ぢゃよ。あんたももう少し生活をエンジョイし給え。

家内は勝手気ままな吾輩によく尽くしてくれた。子供の世話をしながら鎌倉文士とのつきあいを手助けするのは大変だったと思うね。いつ寝てたんだろうな。え、他人事みたいに言いなさんなって？　あんたが怒るこたぁないだろう。本当は陰で手を合わせていたんだから。

家内が一番親しくしていたのは久米正雄夫人の艶子さんだったな。一世を風靡した新橋芸者だったが、良くできたひとでね。亭主が大作家になったのはあの奥さんのお陰だよ。久米が奥さん孝行で世界一周旅行をするときには、赤ん坊を卒業したばかりの子供を我が家に預けて行っちまったもんだよ。そうそう、昭二君と言ったな。もうひとり仲が良かったのは里見弴夫人だった。里見が大阪にいた頃、親の反対を押し切って結婚した恋女房で、良妻賢母の典型だったが残念なことに交通事故で亡くなった。

文藝春秋を創刊した菊池寛やそのあとを継いだ佐々木茂索とも親しくつきあったが、いずれも家内の内助の功だ。今更言うのもなんだが、全く良くできた女房殿だった。おっと、寺木は死んでからも惚気ていた、なんて書くなよ。

## 華麗な結婚

稀代の饒舌家・定芳が、こと結婚の話となると、するりと身をかわしてしまう。それに加えて、結婚については一切書き残さなかった。日本歯科評論の高津式社長との対談でも、赤坂時代を面白おかしく喋っているので、これはいけるか、と高津がさりげなく夫人となった女性の出現に話を振ってみると、途端に口を閉ざしてしまった。夫人に対する気遣いのなせる業で、のちに短編の名手・永井龍男が三田文学に『鎌倉夫人』というタイトルで、海辺を散策する定芳夫人を描いたことなど、いい迷惑だったのである。ことほど左様に定芳の結婚には複雑な絡みがあったのである。

一九一七年九月の齒科醫報に、「現日齒醫專の教授で、嘗ては齒口世界の同人であつた寺木ドクトルは先き頃良縁によつて令夫人を迎へられた。御新婦は實踐女學校出身の秀才で御夫婦仲もいとお睦じうてゐらつしゃる由。さてさてお羨しいしだいである。謹んで幾千代かけて御祝申す」という囲み記事が載った。

一見ありきたりのお祝い記事である。しかしこれを額面通りに受け止めるわけにはいかない。なにせ相手は新劇の女優・衣川孔雀であり、当代の美女であった。川崎弘子を娶った福田蘭堂のように、夏目雅子を妻にした伊集院静のように、吉永小百合と結婚した岡本太郎のように、衣川孔雀との結婚が伝えられると、定芳は世の男の怨嗟を一身にうけた。当時の新聞がまたこれを煽った。「寺木定芳を恨む會」などというものまでできた。定芳はひとりにんまりしたが、その後暫くは気が休まることがなかった。

## 女優衣川孔雀

ことが定芳の奥方なので、衣川孔雀については少し詳しく述べることにする。

物語近代日本女優史などによれば、衣川孔雀は、本名を牛圓貞《うしまるてい》といい、一八九四年五月二八日横浜に生まれた。父・牛圓競一がスペイン大使館一等書記官という上流家庭に育ったが、深窓の令嬢には納まりきれず、女優を志願して帝劇第一期生となった、ことになっている。ところがこの話、時期的に合わない。

帝劇即ち帝國劇場は、一九一一年三月一日に、東京丸の内に開場した。梅幸、幸四郎などの歌舞伎も上演されたが、有楽座とともに新劇のメッカとしても名を馳せた。開場した年の五月二〇日から一週間、文藝協會は坪内逍遙訳の『ハムレット』全五幕を上演した。この文藝協会、逍遙の自宅に研究所を持っていて、その一期生の卒業公演がこの『ハムレット』だった。この一期卒業生が、林和、河竹繁俊、上山草人ら男子一三人と、松井須磨子、山川（上山）浦路の女子二人だった。後にふれる澤田正二郎は二期生だった。

『ハムレット』は興行的には成功だったので、協會はこれを大阪へ持って行った。そして「銀水事件」が起きる。浦路は王妃役を貰っていたが、亭主の草人には役がなかった。この不満が昂じたのか、もともと酒癖が悪かったのか、中之島の宿舎「銀水」で、草人は口論の挙げ句、林和をぶん殴るという騒ぎを起こした。これが原因で、帰京後、上山夫妻は協會をクビになってしまった。新橋駅近くに引っ越した草人は、やることもないので、自宅で「かかしや」という化粧品屋を開業した。浦路は帝劇が始めた「歌劇部」の一期生となった。しかし結局は途中で脱落し、卒業は果たせなかった。一九一四年九月に石井漠ら男七人女七人の合計一四人が卒業したが、当然のことながら浦路の名はない。

一九一二年の九月頃、上山草人は伊庭孝らと語らって、「近代劇協會」を作った。主宰は上山草人で、妻の浦路が座長を務めた。その第一回公演にイプセン劇を選んだ。ところが困ったことに細君の浦路以外に女優が一人もいない。仕方なく芸者を即席の女優に仕立てて、一〇月下旬に有楽座で上演した。ドジばかりで散々だったが、観客には大受けで、二日間の日延べをした。小山内薫は、イプセンを冒涜するもの、と怒り心頭に発したという。このドタバタに懲りた草人が、本格的な女優を育てる必要を感じていたところに、牛圓貞が出現したのである。少なくとも、帝劇一期生の教育が始まった時期よりは後になる。

定芳にも父親の急死、という不幸が降りかかったが、貞も外交官だった父親の突然の死に見舞われ、常日頃フランス語を習って、将来はソルボンヌ留学を夢見ていた環境から一転、母親と弟を支える一家の柱とならざるを得ない立場になった。裕福な叔父が、一家の面倒を見よう、貞には留学もさせよう、と申し出たが、これを潔しとしない貞はきっぱりと断り、自分が働くことにした。コーバー月子の『母・衣川孔雀』や田中榮三の

『新劇その昔』から、女優・衣川孔雀誕生とその後の経過が明らかになる。

上山草人は、開業間もない「カフェー・パウリスタ」(注56)の二階に入り浸っていた。それをどこかで聞き込んでいた貞が乗り込んでいって、女優志願を申し出た。一目で気に入った草人は、気が変わらないうちに、と面接の日取りを決めた。当日、草人は、かねて準備してあった芸名の中から「衣川孔雀」を選んで、待ちかまえていた。草人の経営する化粧品店「かかしや」の二階で形ばかりの面接をし、じゃあこれからは一緒に住もう、と持ちかけた。貞は、目をぱちくりさせながら、頷くしかなかった。

それからは草人の地獄のシゴキが始まった。次の公演が目睫に迫っていたからである。草人が選んだ題目はゲーテの『ファウスト』で、これは森鷗外が文藝院に委嘱されて翻訳したものであった。もともと素質があったのか、短期間のうちに孔雀の演技は目を見張るほどに上達した。第二回公演に近代劇協會の命運をかけていた草人の期待は、いやが上にも高まった。

(注56) カフェーは喫茶店とも酒場ともつかない曖昧な存在であった。女給がいたが、当時の写真を見ると、着物姿だったり、最近話題の「メイド喫茶」風の衣装を纏っていたり、区々である。このての店としては、明治四三年頃には「臺灣喫茶店」と「メゾン鴻の巣」があったが、明治四四年三月、東京・京橋の國民新聞社の前に開業した「カフェー・プランタン」が一躍有名になった。仕掛けたのは洋画家の松山省三で、店名は小山内薫がつけたと言われる。名支配人といわれた近藤栄藏は後に共産党幹部となるのだから、世の中分からない。客層は芸術家、俳優、文士などであった。七月には銀座四丁目の角にカフェー・ライオンが出現した。三階建ての一階が酒場で、制服の女給が華やかにサービスした。経営は築地精養軒であった。さらに一一月には、ブラジル政府から宣伝用コーヒー三年分の無償交付を受けた水野龍が、東京・京橋に「カフェー・パウリスタ」を開いた。大正二年九月には岡山に「カフェー・パリー」が開業した。下って大正八

年一一月、金沢に「カフェー・ブラジル」ができた。この年、徳島にも二軒のカフェーができている。

## 毀誉褒貶

一九一三年三月二七日、ファウストに上山草人、メフィストに伊庭孝、グレートヒェンに衣川孔雀という配役で、『ファウスト』は五日間にわたって帝劇で上演された。初舞台ながら孔雀はこの難役をみごとに演じ、好評を博した。当時一世を風靡していた松井須磨子に匹敵する新人とまで評された。貞の無鉄砲ぶりに、はじめはあきれ果てていた叔父も、既成事実を渋々容認すると、今度は一転して、どうせ女優になるなら一流に、とかなりの大金を使った。天性の美貌で人気はまさにうなぎ登りであった。

都雀の話題となったのには、もう一つのゴシップ種の存在がある。後に早川雪洲(注57)と並んで国際的なスターとなる草人ではあったが、私生活の傍若無人ぶりは徹底していて、浦路と孔雀を同じ屋根の下に住まわせ、テンとして顧みない。世間並みの痴話げんかも繰り返されたが、いつの間にか草人のペースに巻き込まれ、女同士結構うまくやるようになった。これがまた評判になったのである。

女優としては大成功の孔雀だったが、有名人となると、あることないこと、あれこれ取り沙汰されるのは今も昔も変わらない。孔雀も有名税を払わされる羽目に陥った。そのゴシップたるや、孔雀が恋多き女性で、草人と同棲しながら絶え間なく浮気をした、というものであった。しかも、噂の発信元が草人ときているので、世間が真に受けるのは致し方ない。

これにころりと騙されたのが森鷗外の娘・茉莉で、週刊新潮一九八〇年六月五日号のドッキリチャンネル(図40)に、草人の線に沿った孔雀観を展開している。前述のように、本邦初演の『ファウスト』のグレートヒェン役をやるに際して、孔雀は鷗外の所に意見を聞きに行った。役作りをするには、翻訳者である鷗外に聞くの

㈠今回の話に行く前に、前回に書き落したオーガイの恋愛事件がある。伯林《ベルリン》の酒場で軍医の仲間数人と飲んでいた時のことだ。大勢いた女の中で一人極立って綺麗な、三十を一つ二つ越した女が父の後へ来て、隣に掛けている軍医にもわからぬように部屋の鍵を渡した。多分住んでいる建物と部屋の番号を書いた紙片れも一緒に握らせたのだろう。父はとんなことも一度は遣ってみるのもいいだろうとその夜その部屋に行った。軍医の靴には拍車がついていて音がする。父は靴を脱いで手に持って階段を上がった。翌朝女は商売ではないといって断ったが父はなにがしかの金を枕元に置いて帰った。父は母に言ったそうだ。向うのそういう女は十一月になると毛皮の外套を購うために努めて多くの客を取る。毛皮の外套を上へ着ていれば下はなにを着ていたっていいからね。俺の置いて来た金はその女の毛皮の外套の一部になったのさ、と。又「ファウスト」が上演された時、グレエトヘンを演る衣川孔雀という魅力のある女優（孔雀は座長の上山草人の女になり、細君の浦路と三人同居の生活をしていたがその間絶え間なく浮気をした。一座の役者、下廻りはいうに及ばず背景を描く人、すべての人々と通じ、その度に以後決して浮気はしないという血書を書く。そうして又浮気を繰り返した。そんなに大勢とどうして出来るのだろうと思うの？　〜な大勢と浮気をしたこととのない人間の考えることで、彼女は道具の編なぞで起っていて浮気をするらしい。上山草人の手記のような小説の中に書いてあるのだそうだ。それなら短い時間に何人とでも浮気が出来ただろう。その大変な生活は三年続いた。とうとう草人が孔雀と別れて一人呆然としていた時仲のいい友達がそういう時、じっとしているのはよくないと言って彼を車に乗せ、やたらに走り廻って気持を救って遣ったそうだ。私が五才の時百日咳でもう後二十四時間の生命だと青山胤道＝その人物が死ぬと言った病人は必ず死ぬ、と言われていた名医＝に宣告された時父が母に、お茉莉が居なくなった後、それを見て、お前が胸を抉られるにちがいない、お茉莉の持って遊んだ玩具、人形、下駄、それを全部行李に入れて戸棚に蔵え、と言った。母はほんとうにそうだと思い、家中歩いて私を思い出させるものを拾い集めて行李に入れた。母は私に、それずいぶん、酷い哀しみが紛れたよと、言っていた。それと同巧異曲である）が、父のところに役について訊きに来た。十五分程して帰った後、茶呑茶碗を下げに来た母に父が言った。「孔雀が俺にある目をしたよ」と。そういうことには全く疎い母が大きな目を見張って、「或る目ってどんな目です？」と訊くと父は微笑って言ったそうだ。「あなたにお気がおありなら遊びましょう、という目だ」と。それをきいて私も、そんな目をするのは[illegible]

（週刊新潮，1980年6月5日号より）

**図40**　週刊新潮連載の「ドッキリチャンネル」。森茉莉に言わせれば定芳は色男だそうな

（寺木正方氏提供）

**図41**　森鷗外にも誤解された孔雀の流し目は他意のない癖だった

が手っ取り早いし、賢明である。この鷗外、かなりしょっている男だったらしく、「孔雀が或る目をしたよ。あなたにお気がおありなら遊びましょう、という目だ」と奥方に言ったものだ。しかもそれには続きがあり、「恋愛の機会というものは避ければ避けられるものだ。こういうのが色男というものだ」と胸を張った。父親命の茉莉にとっては、「大事な父親を誑かしにきた女狐め」、という感覚がつきまとったらしく、これ以上ない悪意を盛り込んで孔雀批判を長々と書き連ねた。

　ところがこの流し目は孔雀の癖で、家族にも見せたと云うから、他意あってのことではなかった（**図41**）。腹に据えかねた定芳の次女・コーバー月子がねじ込んだが、当然ながら梨の礫。その茉莉もすでに亡く、しつこく書いた真意を尋ねようもない。ただ、この文章にも救いはある。「孔雀はそれだけの女ではなく、さん

ざん浮気をしたあと、確か熱海の歯科医の細君になって、無事な生涯を送った。その歯科医がそれ以上ない色男だったのか、無事にそこでおさまることが出来た、一種の寛容な人物だったのか（そういう人物はごく稀にいる）、それはわからないが、彼女はよくある、だらけたまま老いて、貧窮の中で一生を終る女ではなかったわけだ」と締めていているからだ。熱海の歯医者というのはもちろんわが定芳で、熱海は別荘であった。この貸別荘はしばしば泉鏡花未亡人の休養にも供された。

（注57）早川雪洲は、一八八六年六月一〇日、千葉県に生まれた。本名は早川金太郎といった。一九〇九年にアメリカへ渡り、シカゴ大学を卒業。一九一四年ハリウッド入りし、悪役を得意とした。戦後、『戦場にかける橋』などで好演した。一九七三年一一月二三日、八七歳で死去した。草人と並んで、逸物の持ち主と噂され、芸能界の性豪としても名を馳せた。

## 孔雀逃亡

草人が悪意の噂を流した原因は、孔雀の心が初め心酔していた草人から徐々に離れ、草人の許を飛び出してしまったことにある。元はといえば妻妾同居の異常な状況であり、草人の猜疑心の強さであり、孔雀の煮え切らなさであった。これより先、草人と孔雀のごたごたに腹を立てた伊庭孝が『ファウスト』上演から僅か半年後に「新劇社」を創立し、「近代劇協會」を脱退してしまった。流石に座員は引っこ抜かれなかったが、草人は周囲に当たり散らした。もちろん孔雀もそのとばっちりを受けた一人である。こんな状態が長く続いた挙げ句、状況を変えるには自分がいない方がよい、という孔雀の判断もあって「かかしや」を逃げ出した(注58)のだが、草人にとって、孔雀は大切な女優だった。逃げ切られた草人が、可愛さあまって憎さも百倍、という心境になったのも無理はなかった。この離反劇にわが定芳も微妙に関わってくる。

（新潮社，1918 より）

**図 42**　『蛇酒・煉獄』には上山草人の怨念が込められている

孔雀に逃げ出された草人は、その狷介ぶりを発揮して、二篇の情念小説を書いた。（注59）孔雀の出奔当時には年来の病気が重なって樂山堂病院に入院していた、細君の浦路を使ってである。草人が座敷の仲をウロウロ歩き回りながらはき出す恨み辛みを、病み上がりの浦路が書き記す様は想像するだけでも鬼気迫るものがある。

月子が八方手を尽くして探したが入手できなかった『煉獄』は、国立国会図書館に、今にも崩れそうな状態で所蔵されていた（図42）。一九一八年一〇月二八日に、蛇酒と煉獄の合冊として新潮社から定価一圓五〇錢で発行された『煉獄』には、生田長江と谷崎潤一郎が序を寄せている。生田は大筋、「事實ありの儘を何の蔽ふところもなく赤裸々に報告したものであると云ふ。事實は小説よりも小説的であると云ふことを、此小説以上に考へさせるものは恐らくあるまい」と書いた。また、谷崎は同じく、「此小説は、職業的作家のものに比ぶれば、いろいろ素人くさい缺點があるには違ひなからう。しかし文學と云ふものが彫蟲の末技にあらざる限り、そんな些細な缺點は藝術の本質とは何の關係もない」と持ち上げている。

いずれも草人の側にたった男の勝手な論理で、小説の内容とともに、孔雀側の人間にとっては座視しがたい話である。

草人のしつこさは果てしない。孔雀が京都・南座に出演するので、定芳が付き添っていったところ、途中で、草人が刃物を持って待ち構えている、という情報があり、大津で下車して京都へはタクシーで行ったので、危うく難を免れたこともある。定芳の次女・月子の『母・衣川孔雀』にあるエピソードで、これを裏づける一九一七年六月二八日の東京日々新聞の記事もある。（注60）

（注58）孔雀の逃亡については、田中榮三の『新劇その昔』と当時の新聞記事が詳しく伝えている。

一九一七年二月二三日の東京日々新聞は、六年間の妻妾同棲の破綻と、孔雀から草人宛の手紙をを二段に亘って載せている。なかでも「犬のやうな生活でもい丶と思ひます」という文言のはいった「訣別の辞」はすさまじい。記事によれば、最初は逃亡先を突き止められて連れ戻されたが、二度目で成功したことになっている。

二度目の潜伏先は、田中の住んでいた佐藤別宅というアパートの隣室だった。草人がウロウロしていたので、田中は孔雀を青山の池田という電器商の許に逃がした。翌日、小山内薫のところにいた田中が俥屋に呼び出され、アメリカ大使館の石垣のところへ行ってみると俥の中に孔雀がいて前日の礼を言われた。

家出に成功した孔雀が田中と会った場所が「アメリカ大使館の石垣の所」というのが暗示的である。そのごく近くに定芳の診療所があったからである。

（注59）『蛇酒』と『煉獄』併せて七〇〇頁近いこの長編で、「上山草人」は「香山草二」、「浦路」は「淡路」、「牛圓貞」は「牛窓麗子」、芸名「孔雀」は「朱雀《しゆじやく》」「近代劇協會」は「近代協會」、「かかしや」は「あかしや」と変えられている。麗子にとって草二は一〇人目の男、協会に入ってからも絶え間なく浮気を続け、草二と痴話げんかを繰り返した、とこれ以上ない草人の悪意が展開される。はては草二の子を孕んだが死産だったので淡路の子供として届けた、という件《くだり》まである。鷗外や潤一郎はすべて真実と信じ込んでしまったらしい。なお、寺木定芳はアメリカ大使館そばに診療所を持つ「歯科醫・青木」として登場する。一端《いっぱし》の敵役《かたき》で、ある意味ではわが定芳、歯科医師の地位向上にひと役買ったともいえる。のちに親交のあった里見弴なども、谷崎潤一郎を介して、すっかり草人に乗せられてしまい、その処女戯曲『新樹』の敵役に歯科医を登場させたほどである。

なお、この小説に「蛇」という文字を使ったところにも草人の怨念が現れている。マルコによる福音書第一六章を引き合いに出すまでもなく、「蛇と毒」は忌避されるべきものの隠喩だったからである。

（注60）東京日々新聞の記事は「女優衣川孔雀は澤田正二郎の『新國劇』に一座して廿二日夜京阪興行の旅に就いた。一座は廿五日を初日に京都の南座に蓋を開け孔雀は『飛行曲』のエンミーといふ女に扮してゐるが彼女並に一座の上には忽ち思ひ掛けぬ難題が振掛つて來た、それは例の上山草人が孔雀の後を追つて來て芝居を演る演らせぬと騒ぎ立て、ゐることである。孔雀は草人とあゝした動機から別れて以來再び舞臺の人とはなるまいとまで決心して今度も固く斷つたが澤田は既にに孔雀が一座するといふ條件で松竹から五百圓の金が借りてあつて澤田から強ての頼みに孔雀は決心を翻して一座したのであつた。然し孔雀はまだ近代劇協會女優としての籍が抜けてゐなかつた。それが爲めに斯うした騒ぎを演じたのだが草人は今度の興行に一座することは承諾したと傳へられてゐたのにそれにしてもわかり兼ねるのは彼等の闘争である」というものである。

記者は首をひねっているようだが、草人と孔雀の別離の前後、澤田正二郎と三人で、新しい劇団の旗揚げを計画していた。結局これは失敗に終わったが、草人としては、澤田と孔雀の接近が、自分抜きで何かやるのではないか、と疑心暗鬼に駆られた、と見ることもできる。

## なれそめ、そして…

このような有名女優と定芳との出会いのきっかけは、草人の細君が虫歯を作ったことにある。紹介する人がいて、草人は細君をアメリカ帰りで評判の高かった定芳のオフイスに行かせた。仙台出身の草人にとって、定芳が同郷だったこともかかわっていたかもしれない。鮮やかな治療ぶりが気に入った細君は、「あなたも行ってらっしゃいよ」と孔雀に勧めた。虫歯そのものは大したことはなかったが、この出逢いでぞっこん惚れ込んだ定芳は、姉の雛に冷やかされながら、孔雀のでる芝居の最前列中央の席を、行っても行かなくても買い占めるほどの熱の入れようになった。草人との関係に悩んでいた孔雀にとってもドクトル寺木の存在は新鮮で、前述の逃亡劇でも、孔雀の心の拠り所となったことは否定しきれない。親の反対を押し切って結婚したのは、一九一七年六月のことであった。

孔雀は、結婚当初、女優業を続けるつもりだったが、執念深い草人や面白半分の世間という桎梏から解き放たれるために、やむなく芸能界から引退することを決意する。京都南座が最後の舞台となった。そのまま続ければ日本を代表する大女優になれた、と水谷八重子に評された才能と美貌は、定芳が恣《ほしいまま》にすることになった。かくて、結婚二か月後の八月二二日の萬朝報に伊庭孝が書いた「新女優三縮み」（図43）の中で〝衣川孔雀の寺木夫婦〟とあったのを最後に、女優「衣川孔雀」は完全にマスコミからは姿を消し、以後定芳夫人・貞は、定芳の交友範囲の中でのみ、その艶《あで》やかさぶりを発揮した。

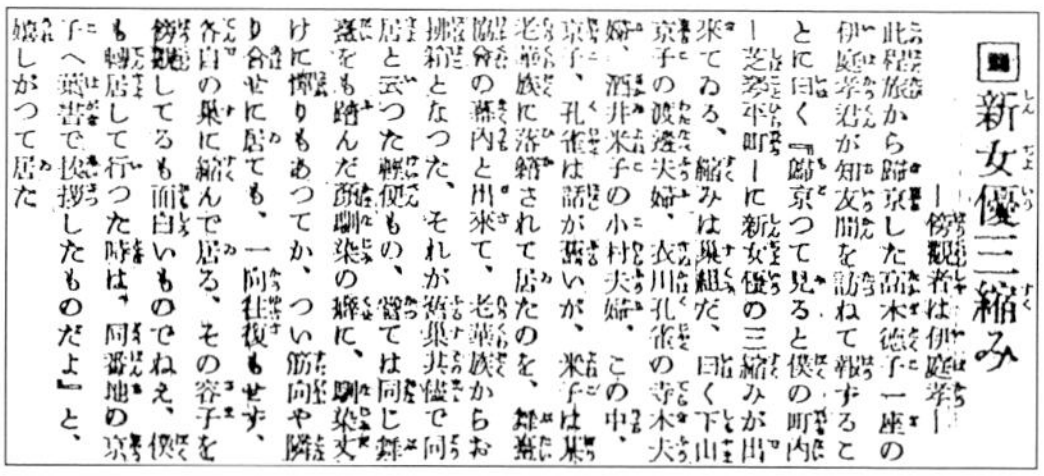

新女優三縮み
—傍觀者は伊庭孝—

此程旅から歸京した高木徳子一座の伊庭孝氏が知友間を訪ねて報ずることに曰く『歸京つて見ると僕の町内—芝琴平町—に新女優の三縮みが出來てゐる、縮みは巣組だ、曰く下山京子の渡邊夫婦、衣川孔雀の寺木夫婦、酒井米子の小村夫婦、この中、京子、孔雀は話が通いが、米子は某老華族に落籍されて居たのを、雄弁協會の藤内と出來て、老華族からお拂箱となつた、それが新巣共借で同居と云つた様なもの、曾ては同じ舞臺をも踏んだ顔馴染の嫌に、馴染丈けに挨りもあつてか、つい筋向や隣り合せに居ても、一向往復もせず、各自の巣に縮んで居る、その容子を傍觀してるも面白いものでねえ、僕も轉居して行つた時は、同番地の京子へ端書で挨拶したものだよ』と、嬉しがつて居た

（萬朝報，1917年8月22日第2面より）

**図43**　「孔雀の寺木夫婦」と書かれている満朝報の記事。これが孔雀の芸能情報としては最後となった

## 大日本歯科醫學會と日本歯科學會

事態は定芳の与り知らぬところで動いていた。

一九一八年度「日本歯科醫學會」の理事会で、憤懣やるかたない面持ちで、血脇守之助は、「日本歯科醫學會ノ會員ニシテ日本歯科學會ノ會員ハ一名モ御座イマセヌ。一人寺木君ノ事ハ私トシテ責任ヲ以テ申上ルコトハ出來マセヌ」と切り出した。

字面からだけでは伝わってこないが、血脇の怒りは尋常ではなかった。会議の始まる前からいらだちを隠そうともしなかった血脇の態度に合点のいった榎本積一は、学会同士の対立が根柢にあることから、血脇の頭を冷やそうとして長広舌をぶったが、そんなことでは血脇の怒りは収まらなかった。

『歯科評論』を発刊したときに軒を貸した柴田伊之助も途方に暮れ、「私ノ親友デアリマスカラ，尚ホ十分ニ意見ヲ交換致ス考ヘデアリマスガ、サウ云フ内輪紛擾ヲ排除シ、一致協同ノ努力ヲ致シタイト思ヒマス」と言うのがせいぜいだった。しかしこれが火に油を注ぐ結果となり、一時は定芳を除名処分にするかしないか、にまで議論は発展し、理事会は気まずい終わり方をした。

なぜこういう議論になったかについては聊か長い説明が必要になる。

戦前から戦中にかけて、わが国には「大日本歯科醫學會」という組織が存在した。歯科医師の学会である。

わが国においては、一八八七年に、医科系の学会としてはじめて、「日本醫學會」が成立した。この学会は、一八九〇年に東京で第一回総会を開催した。これは医科の各科が同一期日に一斉に学会を行う分科会方式で、一二の分科会の中に歯科は含まれていなかった。

これを不満とした歯科界では、医科の一分野としての「歯科」を認めさせようと、まず、一八九三年七月一日に「歯科醫會」を結成した。この姿勢は、前にふれたように、明らかに医科歯科一元論の立場である。「歯科醫會」は一八九六年一一月二八日には「日本歯科醫會」と改称した。その学術部門として、一九〇二年一月二五日築地精養軒において、「日本歯科學會」を発足させ、医科に対してその存在を強くアピールした。会長は伊澤信平、副会長は榎本積一であった。翌年一一月、母体の「日本歯科醫會」が解散し、新たに高山紀齋を会長とする「大日本歯科醫會」が創立されるに伴い、学会も「大日本歯科醫學會」と名称を変更した。その傍ら、血脇守之助、榎本積一、伊澤信平らは第二回日本醫學會に參加できるよう働きかけた。

この甲斐あってか、一九〇六年、日本醫學會の「第十六分科會」として、「歯科」が初めて加わった。このときの分科会長には、醫學會側の強い希望で、東京帝國大學醫科大學の石原久が坐った。会場も帝大の生理学教室であった。学会の首脳部が分科会長になれないという状況にも、まずは參加という所期の目的を達したことで、忍耐するしかなかった。

それどころか、せっかく希望が達せられたのも束の間、母体と学会との間に意見の齟齬が起き、会長の伊澤は辞任し、財政を全面的に母体に依存していた学会はその活動ができなくなった。そこへ第三回醫學會參加の有無を問い合わされ、高橋直太郎副会長が独断で參加の意思表示をした。その責任をとって高橋副会長や一部理事が辞任し、新理事会の合議制で学会は運営されることになった。

その第三回日本醫學會の分科会長には石原が強い希望を出したが、大日本齒科醫學會側は大阪で開かれることを理由に、地元の西村輔三を分科会長にすることで押し切り、齒科醫學會の代表として理事の志村誠麿を派遣した。

流石にみっともないと反省したのか、数日後、学会内で話がまとまり、伊澤会長、高橋副会長が復活した。この騒ぎで、歯科はしなくもその未熟さを露呈することとなった。しかも復活二年目の秋、伊澤会長は例の「スタンダード事件」で再び辞任し、高橋副会長も別の理由で辞めてしまった。

そこでいよいよ、当時の定芳の親分・血脇守之助が登場する。このキャビネットは長続きし、一九一四年四月に東京で開催された第四回日本醫學會も血脇分科会長で乗り切った。会長が血脇であるからということでもないが、「日本齒科醫學會」はかなり東京齒科醫専色の強いものであった。

この「日本齒科醫學會」は発足当時は会報、暫くして会誌をを発行するようになった。定芳は、一九一一年に「動く齒と動かす齒」、翌年「不正咬合原因の趨勢」、「アングル式矯正器に就て」を掲載しているが、当時の風潮として、講演原稿をそっくり掲載するのが普通で、現今の論文形式はとっていない(注61)。

一方、血脇とは犬猿の仲であった中原の日本歯科醫專では、一九一七年九月二五日に「日本齒科學研究會」の九月例会が開かれ、研究会を「日本齒科學會」と改称することを決定した。

納まらないのは「日本齒科醫學會」である。「日本齒科學會」という別個でしかもきわめて紛らわしい名称を敢えてつけるとは何事か、というわけである。こんな状況の最中、御大中原は、それまで「日本齒科醫學會」の会員だった自らの輩下の総引き上げを図ったので、両学会の会員数はかなり接近してしまった。

そこへ持ってきて、きわめて丁重で、読みようによっては慇懃無礼な一片の書簡で、翌年の第五回日本醫學會を日本歯科醫專がボイコットしたことで、両者の関係はますます悪化した。

問題の書簡の主旨は、日本醫學會が日本齒科學會を無視して、日本齒科醫學會に第五回総会への参加の有無を問い合わせたのを幸便に、役員など決めてしまった行為をみると、わが方はとてもお手伝いする気にはならない、というものであった。しかし、日本醫學會から、前回の例に倣って、日本齒科醫學會に第十六分科會成立の依頼が来たのは一九一六年三月であり、翌一七年四月の総会で賛成の決議をしている。「日本齒科學研究會」が「日本齒科學會」になったのは、参加賛成決議のあとの同年九月である。学会でないところに依頼はできない相談である。研究会では相手にされないと悟って学会に名札を掛け替えたと勘ぐられても仕方がない。今から思えば他愛ない論争だが、当時は大まじめにやり合っていたのである。

この件でお互い相手憎しの感情は増幅したが、些事に拘らないわが定芳は、両首脳の思惑などどこ吹く風で、双方の学会に籍を置いて平然としていた。中原とはいざこざを起こしていないから、おそらく中原は気がついていなかったのであろう。とんだとばっちりを受けた定芳であったが、血脇も流石に大人げないと思ったのか、以後、公の席ではこの件には触れていない。なお、三年後に改正された会則には、「本會協議員」として定芳の名は残っているし、一九二二年の「満二〇周年記念祝賀會」では宴会部の委員にも名を連ねているところをみると、首はつながっていたようである。

（注61）『齒科學報』に「不正咬合ト診斷」、「アングル氏とケース氏」、「文明ノ進歩ト不正咬合」を載せているが、これらも講演原稿そのままである。

# 第八章

## 鎌倉住まいと出版活動

定芳は転居魔である。葛飾北斎にはおよびもつかないが、在米中も含め、しげしげと引っ越しをした。結婚してからも定着せず、間もなく東京を離れ、鎌倉に居を移している。それ以前から鎌倉に分院を設け、日曜日と木曜日の午後に出張診療していたから、鎌倉には土地鑑もあった。日歯のある飯田橋からは遠く離れたが、わが定芳はそんなことには頓着しない。一番のお気に入りだった雛の長女・朝子が病弱だったため、その療養も兼ねていた。(注62)

定芳は鎌倉の自宅を根拠地として「歯の社」を興し、東京事務所は自分の診療所、大阪事務所を赤坂時代の弟子・林春藏（利秧《としなえ》）の自宅に置いた。本社を鎌倉にしたのは、かつての『歯科評論』の時と同じく、保証金を安くあげるためであった。準備期間およそ二か月、満を持して一九一八年三月二〇日に、雑誌『歯』（図44）第一巻第一號を刊行した。これは定芳流のサービス精神の塊みたいな雑誌で、専門とする歯科矯正の論説もあれば、漫画や写真もあり、とにかく盛り沢山で、しかも定価は一〇銭であった。これはのちに『歯科矯正研究』に衣替えする。

発刊に備えて、定芳は手回しよく、古巣の血脇と榎本に、何か一言お言葉を賜りたく、とねだった。頼まれ

（日本歯科大学蔵）
**図 44**　定芳の個人雑誌「歯」創刊号

た方もびっくりしたであろうが、このあっけらかんとしたところが定芳流で、『齒科評論』で少なからぬ迷惑をかけた挙げ句にほっぽり出してしまった当の相手に、臆面なく祝辞を書いて貰おうとは、常人にはできない奇矯な振る舞いである。それでも礼節を重んじる明治人のこと、一党に偏しない純粋な個人雑誌ということを了として、「今回専門雑誌御發刊の思召、至極結構の事と存じ候、何卒益々御奮斗齒界の爲御奮發を祈上候、茲に賛成の微意を表し候」と、当たらず障らずの祝辞を届けてくれた。身を寄せている日歯の中原も、静養先の熱海から、「今日の寺木君は昔の寺木君と異り、理想の令夫人に依り温きホームを造られ齒科醫としても夙に病家の信用厚く、その人格全く異人の感あり、然るに又雑誌の經營とは、其精力實に絶倫たるや敬服の外なし」と一文を寄せ、返す刀で、あまり雑誌にのめり込んで本業を忘れるな、と言って同人誌のように三号で終わらせることのないように、と注意を喚起した。これらの文章が、「發刊にのぞみて」という定芳の巻頭挨拶の上段を麗々しく飾った。

　肝腎の内容は、専門とする矯正に関する記事はもちろん、一般歯科にも言及し、新しい情報も盛り沢山であった。定芳らしさはコラムにあらわれ、皮肉たっぷりであった。中には、「日本に於ける齒科醫界の今日狀態」と題して、「患者に齒醫者は怖いものと諦めさせる、中に少しよいのは、一プロのコカインを使用して時々中毒を起こさせる」などという物騒なものもあった。今はまず見かけないが、一昔前までは歯の神経を殺すのに砒素の糊剤を使った。砒素は神経毒なので、効き始めるとそんじょそこらの鎮痛剤などでは治まらない猛烈な痛みを伴う。この痛みに有効なのはコカインだけなので、今のように麻薬取り締まりが厳しくなかった頃には好んで使われた。それに掛けて、歯科恐怖感のある患者さんをコカイン中毒にしてしまえ、と嘯いたのである。

もちろん、多くの記事は真面目だった。アメリカで発表されたばかりの矯正術式をいち早く紹介したりもした。矯正の師匠アングルが開発した第三番目の装置（リボンアーチ）についての、おそらくわが国で初めての紹介であろう。これらの記事を定芳はひとりで書きまくった。爆発するそのエネルギーのすさまじさには、ただただ脱帽するしかない。

脱いだ帽子の置き所を探している隙に、さらに定芳は、一九二〇年秋別会社を興し、ミニコミ誌の原型とも言うべき新聞を創刊した。『齒界時報』（四巻六號、一九二一年）は早速、「鎌倉ニュースの創刊」というタイトルで、「精力絶倫なる齒の社主幹寺木定芳氏は、鎌倉を根據として新聞『鎌倉ニュース』を發刊せられたり。月二回發行にて一部金拾錢也。希望の方は購讀申込まるべし」と伝えた。しかも今度は定価一〇銭である。何から何まで全部定芳がやるからと言って、利益が出るとは考えられない。とにかく走り出してしまえ、はまさに定芳流であった。

走り出したらブレーキのきかない定芳は、なんと時局講演会をも企画した。社会問題に目覚めた、といえば聞こえはよいが、ここらでパッと派手なことをぶち上げたかったのである。連れてきたのは憲政の神様・尾崎行雄（注63）（愕堂）であった。尾崎はこの年、軍縮運動を開始したばかりで、宣伝相務めていたところだったので、時期的にもよかった。それに、文化人の集う鎌倉という土地もよかった。尾崎は軍備制限に関する決議案を国会に提出して大演説を打ったが、あっさりと否決され、鬱憤を晴らす絶好の機会でもあった。鎌倉ニュース社主催で一九二一年五月二九日、「軍備制限大講演會」と銘打った講演会はきわめて盛会であったが、なんで一介の歯科医が、という囁き声も聞かれた。好きなこととはいえ、誠に御苦労なことである。

一気に鎌倉の知名人となった定芳は、その翌月中旬の日曜日を期して子供デーを催した。一流大家のお伽噺お伽芝居、奇術曲芸、活動写真など盛り沢山で、純益はすべて鎌倉保育園とフロラハリス幼稚園に寄附した。

（注62）逗子鎌倉から平塚にかけての湘南海岸は、気候も温暖で、オゾンをたっぷり含む空気も清澄で、サナトリウムが多く作られていた。鎌倉アカデミアの吉野秀雄が療養した日本最古の海浜院や最大規模を誇った茅ヶ崎の南湖院、あるいは平塚の杏雲堂など多くの結核療養施設は亡国病といわれた肺結核の死亡率が低下したのに伴い、その役目を終えた。

（注63）尾崎行雄は一八五八年神奈川県津久井郡に生まれた。父の転任に伴い伊勢市（当時は度會縣山田）に移住した。長じて慶應義塾に入り、福澤諭吉の薫陶を受ける。新潟新聞、報知新聞を経て東京府会議員となったが、保安条例により三年間東京をところ払いにされた。あまりびっくりしたので愕堂と号した（そのうち立心偏のない咢堂となった）。年季明けの一八九〇年、第一回衆議院総選挙で当選。大隈内閣で文部大臣を務めた。一九〇三年には東京市長となり、一九一二年ワシントンに桜の苗木三、〇〇〇本を贈った。その翌年桂内閣不信任案を提出し、痛烈な弾劾演説を行った。第二次大隈内閣で司法大臣に就任。かつて保安条例を発した警視庁は居心地悪かったに違いない。日独伊三国同盟や大政翼賛會結成に反対したり、東条首相に楯突くなど反骨ぶりを発揮した。九四歳のときの総選挙で初めて落選し、翌一九五四年逗子市で歿した。

なお、鎌倉の演説二年後には軍縮のため砲兵工廠のの職工五、〇〇〇人が解雇されるという事態になったので、尾崎の活動も効果はあったといえる。

## オフィスの移転と関東大震災

引っ越し癖が首をもたげた定芳は、またしても診療室の移転先を探し始めた。目をつけたのは新築間もない丸ビルである。東京駅の真ん前は皇居の堀まで野原が広がっていた。そこに近代建築の粋を集めた堂々たるビルが出現したのだから話題にならないはずがない。その一室にオフィスを移そうと画策していたところ、それを聞きつけたある実業家から「君よし給へ。五時になると丸ビルの廻りにや狐が出るよ、人つこ一人通りやしないよ、あんな淋しい所は駄目だよ」と忠告された。当時の写真を見ると、確かに丸ビルの周りは狐狸妖怪の棲みそうな雰囲気である。何となく納得して、落語の三軒長屋よろしく、すぐ近くの小さなビルに行き先を変更した。佃煮の老舗・玉木屋の筋向かいあたりであった。ところが移転して数十日でそのビルは焼け落ちてしまった。伊豆大島北端を震源地とするマグニチュード七・九の関東大震災が襲ったためである。ビルとは名ばかりの木造建築だったからひとたまりもなかったのであろう。皮肉なことに丸ビルは、ライト設計の帝国ホテルとともに、びくともせずにその偉容を保った。そこへ入った飯塚喜四郎やバトラーが隆盛を極めたのを、定芳は指をくわえて横目で眺めているしかなかった。

定芳の悲運はそればかりではない。二年前に入居した鎌倉・由比ヶ浜の家は倒壊し、火炎の中、長男・甫と次男・京二郎を失った。その頃はまだあまり見かけなかった石油のクッキングコンロを入れていたのが仇となった。あまりの悲惨さのためか、定芳はこの件については言及を避け、震災の被害を言うに、新橋のオフィス壊滅に限っている。乏しい資料の中から見つかったのは、久米正雄の『鎌倉震災日記』という小品である。震災当日を含め、三日間を日記風に描いたその一日目に、久米は次のように書いている。

(前略)それより田中純《たなかじゅん》が許《もと》に至《いた》りたるに、彼《かれ》が家《いえ》は幸《さいは》ひにも、僅《わづ》かに傾《かたむ》きたるまゝにて、木立深《こだちふか》く廣《ひろ》き庭《には》には、既《すで》に全潰《ぜんくわい》の厄《やく》に會《あ》ひ、僅《わづ》かの空隙《くうげき》より出《い》で來《きた》りし廣津柳浪《ひろつりゅうろう》と其《そ》の一家《か》、及《およ》び附近《ふきん》の人々避難《ひとびとひなん》し居《お》れり。

やがて、田中《たなか》は二愛兒《あいじ》を失《うしな》ひて、悲嘆《ひたん》に身《み》も世《よ》もなげなる寺木夫人《てらきふじん》——もとの衣川孔雀君《きぬがわくじやくくん》——を伴《ともな》ひて歸《かへ》り來《きた》るに會《あ》ふ。平生元氣《へいぜいげんき》なるドクトル寺木悲痛《てらきひつう》に力《ちから》ぬけたるが如《ごと》く、後《あと》より沈鬱《ちんうつ》ながら從容《しょうよう》たる態度《たいど》にて入《い》り來《きた》る。慰《なぐさ》むべき言葉《ことば》だになし。丁度晝飯時《ちゃうどひるめしどき》にて、其《そ》の二兒《じ》は臺所《だいどころ》の石油焜爐《せきゆこんろ》の前《まへ》に馳走《ちそう》の出來《でき》上《あが》るを待《ま》ちたるまゝ、上《うへ》より潰《つぶ》され、直《ただ》ちに火《ひ》を浴《あ》びて、救出《きゅうしゅつ》する暇《いとま》さへ無《な》かりしとか。(以下略)

このとき、甫と京二郎の双子の兄弟とその面倒を見ていた女中も運命を共にした。家財道具も焼かれた定芳は命からがら小町二丁目の田中純宅(注64)に転がり込んだのである。このとき東京の鏡花も被災し、二昼夜に亘り野宿を余儀なくされている。

(注64)久米の文章に出てくる田中純は、一八九〇年廣島生まれの作家で、定芳とは親戚づきあいをしていた。一九二二年に転居したばかりの田中邸は弘法の辻説法跡に近く、隣には廣津柳浪が住んでいた。なお、当の田中は一九二四年春に由比ヶ浜三―三―一〇(江ノ電・和田塚の近く)に転居している。「鎌倉文庫」に関与したりしたが、その後鎌倉から転出し、一九六六年四月二〇日に死去した。

「鎌倉文庫」は、太平洋戦争末期の一九四五年五月一日に、生活が逼迫した鎌倉文士らが自らの作品や蔵書を持ち寄って興した貸本屋である。発案者は久米正雄と川端康成であった。同年九月一四日に出版社に衣替えし、丸ビル(のち白木屋)に本社を置くなど勢いがよかった。昭和二一年四月に茅場町へ移転した。大正時代に里見弴・久米正雄・吉井勇・田中純が編集した『人間』の復刊を試みたりしたが、所詮は士族の商法で、出版界が安定してくるにつれ衰退した。

## 湘南クラブ

定芳は、一九二四年、御成町一一—三六へ転居する。鎌倉駅を江ノ電側に降りてまっすぐ進み、変則交差点の左角にあるみずほ銀行のあたりである（図45）。地震に懲りたため、実に重厚な邸宅を建てた。アメリカ式のAフレーム型といい、屋根が落ちても家は守られる構造であった。この母屋とは別棟で歯科診療所があり、庭には子供を住まわせる離れがあった。住居の一部を提供した「湘南クラブ」には、患者でもある多くの鎌倉文士が集まり、取り締まりの心配のない賭麻雀に興じた。久保田万太郎の句に「春の夜やかの定芳の腕まくり」というのがあるが、オフィスから帰って一っ風呂浴び、浴衣に着替えた定芳が麻雀卓に向かう姿を髣髴させる。

図45 「湘南クラブ」跡地には，現在はみずほ銀行が建っている

『人・泉鏡花』の序で、「作者不明のこの句…」と恍《とぼ》けているが、万太郎自身の作であることは間違いない。また、腕まくりは絶対に浴衣である。文士になりたかった定芳が、編集者のようにワイシャツの袖をたくし上げていては様にならない。

「湘南クラブ」は一種の社交クラブであった。鎌倉祭の折など、久米正雄の作った「鎌倉音頭」の踊りの稽古場になり、早慶戦があれば応援のパーティー会場に使った。一介の歯医者の所に、なぜあれだけ多くの文士やアーティストが、しかも毎日のように集っては、語りかつ飲み、マージャンやポーカーに明け暮れるような生活ができたのか、子供の頃その現場に出入りしていた次女の月子は首を傾げるばかりである。

このクラブについて、一九八八年一〇月の如水会会報には、「(前略) 関東大震災の跡とて (中略) 物価が馬鹿高くなったので、会員組織の購買組合を作り、部屋に余裕があるというので娯楽設備を設け、玉突、ルーレット、将棋、碁という具合。それに覚えたての麻雀卓まで二階の大広間においた」とある。昼も夜も人の出入りが多く、文藝春秋創始者の菊池寛、その後を継いだ佐々木茂索とふさ夫人、久米正雄と艶子夫人、里見弴夫妻、川口松太郎、オペラの藤原義江など錚々たる連中が顔を揃えた。その間を定芳夫人の孔雀は蝶の如く舞い、サービスにこれ努めた。客の中には孔雀に色目を使う不逞の文士もいた。やがて月子の弟が生れたのを契機に、定芳はクラブを閉じ、東京へと移った。

## 鎌倉麻雀は日本の麻雀の嚆矢

一九二四年のある日、鎌倉海浜ホテル(注65)の香川支配人から連絡があった。長期滞在の河野寛という三共の重役が、麻雀というゲームの道具を持っているので、興味がおありなら、皆さんでお出かけください、というものであった。

否も応もなく、定芳は久米正雄や里見弴など物好きでは人後に落ちない面々と連れ立って、暮れなずむ海浜ホテルに向かった。そこで見たものは、トランプのようなカードと、それを挟むカード立てだった。もちろんこれは仮のもので、とりあえず遊び方を習ってその場を引き揚げた。凝り性の定芳は八方手を尽くして本物の牌を探し求め、遂に三井物産の藁谷重役が持っているのを突き止めた。懇願してこれを借り受け、鎌倉在住の中国人に教えを乞うたりした。あとは一気呵成、湘南クラブは賭け麻雀の場と化するのである。

クラブに集うのは、菊地寛、里見弴、久米正雄、永井龍男、久保田万太郎、小島政二郎、田中純、中戸川吉

二、川口松太郎などの文士、オペラの藤原義江、文藝春秋の佐々木茂策など後世に名を残す連中だった。麻雀には加わらなかったが、吉川英治や大佛次郎、日本画の小村雪岱なども顔を見せた。定芳が松竹の嘱託医をやっていた関係で、田中絹代、木暮実千代、水谷八重子、服部良一など芸能人も覗いていった。実業界では、泉鏡花の取り巻きでもある水上滝太郎が、日本の上流界を代表する紳士であった、と月子は亢奮を隠さない。そもそも賭け事などというと、映画の影響でつい鉄火場を想起してしまうが、英国王がダービーを楽しまれるように、本来ギャンブルは上流階級の嗜みみたいなもので、湘南クラブでも優雅かつスマートにみんなが楽しい時間を過ごした。

接待する定芳夫人・孔雀の気苦労は大変なもので、過労で倒れたことも一度や二度ではなかった。一晩中湯を絶やさぬ風呂、即座に振る舞える夜食、もうもうたる煙の中での灰皿の取り替え、隙を縫っての夫人連とのおしゃべり、と挙げていくと、いつ体を休めたのか。女中さんもよく逃げ出さなかったものである。

居心地の良い環境で、麻雀熱はとみに上がり、本場のルールはどうもしっくり来ない、という声が大きくなったので、いわゆる「鎌倉ルール」まで作ってしまった。これは後に日本の麻雀の基本ルールとなる。勢いは止まらず、日本麻雀連盟を作ろうじゃないか、ということになり、総裁に菊池寛、副総裁に定芳、理事長に河村一郎、顧問に浜尾四郎、大木喜福、久米正雄、小泉又次郎、里見弴、ならびに鈴木吉之助が就任した。一九二九年一〇月三日のことであった。小泉又次郎はときの逓信大臣で、第八九代総理大臣小泉純一郎の祖父に当たる。鈴木吉之助は京都選出の代議士であった。ついでというか、どさくさ紛れというか、お手盛りで段位までつけてしまった。

昭和六年四月の『文藝春秋オール讀物號』に、ペンネーム東紅中という人が「雀人銘々傳」という記事を書いた。誰がどんな段位をつけられていたか、以下に挙げてみる。

八段　空閑緑（注66）＊
七段　川崎備寛、李天公＊、長尾克＊
六段　菊池寛、浜尾四郎、久米正雄、佐々木茂索
天忠定＊、林茂光＊、寺木定芳＊、加藤六蔵＊
五段　中戸川吉二、里見弴、菅忠雄、甲賀三郎
田中純、広津和郎、武天祐＊、堀田泰造＊、中川緑郎＊
三段　古川緑波、池谷信三郎、南部修太郎、和木清三郎、永井龍男
無段　直木三十五、横光利一、瀧井孝作

（＊印は非文壇人）

わが定芳は六段で、菊池寛と同格である。同じく六段で顧問の浜尾四郎（注67）は子爵で、ヤメ検の弁護士、そして探偵小説家という異色の存在であった。

後に大衆文学賞にその名を冠することになる直木三十五、菊池寛に師事し後年「小説の神様」とまで言われた横光利一、文化功労者で終生芥川賞の選者を務めた瀧井孝作などが「無段」であるのも面白い。横光について言えば、菊池総裁は「弟子になったばかりの若造だから、とりあえず無段にしておこう」程度のことだったのであろう。

なお、前記の面々のうちに、中国風の名前もいくつかあるが、李天公は栗田貢、林茂光は鈴木郭郎など、い

ずれも日本人である。

（注65）鎌倉海浜ホテルは、一八八七年八月に鎌倉由比ヶ浜に建てられた。初めは鎌倉海浜院と称し、結核が国民病だった背景もあり、横浜在住の富裕層が出資した療養施設であった。現在海水浴場として開けている海岸に面し、松林の中に静かに佇む、木造二階建ての洋館であった。電話は「鎌倉四番」と記されている。経営としては失敗で、二年足らずでホテルに衣替えした。以後、主に外国人客相手に繁盛したが、一九〇六年にイギリス人建築家コンドルの設計によって建て替えられた。海に向かってテラスのある堂々たる建築で、関東大震災にも耐えた。一九四五年、進駐してきたアメリカ軍に接収されたが、同年十二月失火のため焼失し、その歴史を閉じた。

（注66）最高位の空閑緑は本名を空閑知鶩治《ちかじ》といい、中国で事業に携わっていたが、一九二三年帰国し、翌年上京した。四谷に住んで東京麻雀会を興し、上流階級に麻雀を教えた。一九二七年には機関誌『麻雀春秋』を発行し、銀座に東京麻雀倶樂部を設立するなど、麻雀の普及に努めた。二年後にはこの倶樂部を日本麻雀連盟と改称した。このような経緯があったため、鎌倉派とはごたごたが起き、かなり紛糾した。やっと一体化したときには、菊地寛も一応の敬意を払い、最高段位を贈呈したのである。

（注67）祖父は東大総長の経験がある教育家の加藤弘之、父は貴族院議員（男爵）で著名な小児科医の加藤照麿、という名家に生まれた浜尾は、東大在学中に子爵・浜尾新の養嗣子となった。検事在職中『新青年』に「大犯罪者列伝」を寄稿した。その筆力を高く評価した編集長の横溝正史に強く勧められ、丁度検事を退職して暇だったこともあって、一九二九年の『新青年』一月号に「彼が殺したか」を発表し、作家としてデビューした。したがって、段位を認定されたこの時期は作家としては駆け出しであった。飄々たる風貌の喜劇俳優・古川緑波はその実弟で、だから本名は加藤郁郎という。肝腎の浜尾の雀力は六段とは言い難く、多分に爵位に対する表敬的なものだった。元々病弱であったが、貴族院議員となってからは執筆から遠ざかり、一九三五年一〇月、脳溢血のため四〇歳の若さで他界した。探偵小説仲間で五段の甲賀三郎は「ドイツ法律の大家で、頭脳明晰で一言一句をおろそかにしない浜尾四郎君、さうして、美術の愛好家で、文章に堪能な浜尾君こそ、本格探偵小説家として、うってつけの人である」と賛辞を呈している。

# 第九章

## 日本矯正歯科學會の誕生

一九二六年八月七日、中山文化研究所の顧問格を勤める川上爲次郎は、当時一世を風靡していた澤正劇(注68)を観ようと帝国劇場へ赴いた。そこでばったり女連れの藤代眞次に出合った。

川上は、東京歯科醫學校が東京歯科醫専に昇格する直前の一九〇七年の卒業で、卒業と同時に母校に奉職し、歯科薬理学と歯科治療学を担当する逸材だった（図46）。その才能を校長の血脇守之助に愛され、当時飛ぶ鳥を落とす勢いの満鐵が経営する大連醫學堂の教授に推挙されるほどだった。この件で帝大の石原久が推す佐藤運雄に敗れたのは前述の通りである。後に日大の總長まで栄達する佐藤は、川上の一〇年以上先輩で、シカゴで医学も修め、帝大の講師でもあったので、川上に勝ち目はなかった。しかし人一倍プライドの高い川上はいたく傷つき、やがて東京歯科醫専から離れた。快々として楽しまぬ川上は、足かけ三年に

（東京歯科大學卒業アルバムより）

**図46**　川上爲次郎

わたり欧米に遊んだ。その間、ボストンで藤代との縁ができた。帰国後、曾てポストを争った佐藤に請われて日大専門部歯科に出講したり、歯苑社の今田見信と親交を深め、『日本之歯界』の巻頭言を担当していた。

一方藤代は、一九一七年に日本歯科医専を卒業後、ポートランドで開業していた山本啓二郎を頼ってアメリカに渡り、一年あまりしてから同じ頃東京歯科医専出身で滞米中の畑謹吾とともにハーバード大学歯学部に入学した。一九二三年にマサチューセッツ州の試験に合格して開業の傍ら、母校の講師とフォーサイス歯科病院のインストラクターを務めた。一時帰国したのは結婚のためで、川上が見かけた女性は新婚ほやほやの新妻であった。

当時、海外での成功者には降るような縁談があった。旅客機のない時代だったので、写真見合いをし、ある程度話が煮詰まって初めて実物とあう、というのが通り相場であった。藤代の結婚も御多分に漏れずと言いたいところだが、さにあらず。何しろ相手は徳川家に連なる松平家のお姫様で綏《やす》子と仰る。しかも極めつきの美形であることは、のちに日米交換船(注69)で同船した哲学者の鶴見俊輔が繰り返し強調していることからも確かである。藤代はボストンでも評判の名医だったので、患者さんも門前市をなす盛況で、このときは滞日僅か二か月という慌ただしさだった。苦学生だった経験もあり、裕福になった藤代は、日本からの留学生の面倒をよく見た。いつ、誰が訪ねてきてもよいよう、食べ物は潤沢に用意してあった、とその恩恵に浴した鶴見は語っている。皮肉なことに、この面倒見のよさが、日米開戦後アメリカ官憲の疑いを招くところとなり、拘束されてしまう。

実は、川上は、帰朝して日大専門部歯科の教授に納まっていた山本啓二郎から、藤代が帰国することを聞いてはいたが、忙しさに紛れ、失念していた。よいところで出合ったと雑談しているうちに、矯正を手がけている在京の仲間に、アメリカの事情や在米十年の体験談など話してくれないか、ということになった。

　この仲間というのは、やがて「日本矯正齒科學會」の初代会長となる榎本美彦を中心とする談話会で、多胡謙治、斉藤久、岩垣宏、高橋新次郎、それにわが定芳などが三か月に一回くらい集まって、持ち寄った症例を検討したり、日本の矯正の将来を語り合ったりしていた。そういう土壌があることを川上から聞いていた藤代も、ひょっとしたら講演する機会もあるか、と資料はもってきていたので快諾した。

　川上は定芳に声をかけて世話役を依頼し、期日は八月一四日、会場は川上の自由裁量がきく内幸町（当時は内山下町一丁目、現在は西新橋）の東洋拓殖ビル内にあった中山文化研究所と決まった。齒苑社の今田は世話役を岩垣宏と書いている（注70）が、当の岩垣が「…會合を催して呉れた寺木、川上両先輩に深く感謝…」と言っている（注71）ので、定芳の世話焼きは間違いない。

　会場となった中山文化研究所は、中山太陽堂の社長・中山太一（注72）が創業二〇周年記念事業として一九一三年に設立したもので、大阪には女性文化研究所、兒童教養研究所、整容美粧研究所、口腔衛生研究所の四部門を置いた。また東京では丸ビル内に家庭文化研究会、口腔衛生研究所、美粧研究部を開設した。これらはさらに発展し、大阪では美容皮膚科診療部、歯科診療部ならびに兒童相談部が追加された。藤代の講演が行われたのは、この年の二月にできたばかりの「科学文化及び精神文化研究」のための中山文化研究所で、所長を富士川游が務めた。この研究所は非営利事業であったので、経営が難しく、やがて大阪は二部門に縮小され、主体は東京に移管された。太平洋戦争中東洋ビルは軍に接収されて研究所は有楽町の宝塚ビルに移り、敗戦後は中央区槇町の太陽ビルで一九五四年まで命脈を保った。中山太陽堂は傘下にフルベール化粧品などを持って現在もクラブコスメチックスとして存続しているが、その商標もフルベール化粧品にそっくり引き継がれている。

（今田見信：「歯学史料」アルバムところどころ，11，医歯薬出版，東京，1967より）

**図47**　模型を並べて講演する藤代眞次。向かって右隣が定芳

さてその講演会に參加したのは、急なこともあったので、在京の歯科医師一八名であった。写真を見ると、立って挨拶している藤代の左右に定芳と岩垣が座り、少し離れて川上がいる。手前で背を向けている着物姿の女性は二宮千代子と榎本松子という当時としては数少ない女流矯正家であった（**図47**）。

講演内容は「ナチュラルシステム」という、器械的に歯を動かすことへの反省から生まれたロジャースという人の治療法の紹介が主であった。その感想を岩垣宏は翌月の『日本之齒界』にかなり詳細に載せている。

せっかく世話役を買って出たものの、定芳にとっては師匠のアングルを否定されて内心面白くなかった。逆に意を強うしたのは、アングルシステムから距離を置いて独自の治療法を展開していた岩垣と、ペンシルヴェニア大学でアンチアングルの洗礼を受けた文部省齒科病院の高橋新次郎であった。これがきっかけかどうかは定かでないが、日本の矯正界からはアングルシステムは退潮のきざしをみせはじめる。岩垣も高橋も生来大声の持ち主だったからだ、としたり顔で絵解きする人もいるが、これはあまり当てにならない。

講演会の後、会場を移して懇親会が開かれ、講演の興奮冷めやらぬなかで、日本にも矯正学会を作ろうではないか、と川上と定芳が発案し、近日中に創立総会を開くことになった。

「日本矯正齒科學會」が十周年を迎えたとき、榎本会長が開会の辞のなかで、「本會は大正十五年八月にハーバード大學に勤務せらるる藤代眞次氏が歸朝せられました折の歡迎會席上で寺木定芳、川上爲次郎兩氏の發意を動機とし漸次具體化し來つたものでありまして、…」と述べたことからも分かるように、定芳が学会発足に重要な役割を演じたのは疑問の余地がない。

発起人は九名で、行きがかり上定芳もその中に名を連ねた。九月の準備会を経て一〇月には設立総会が開かれ、一七名が会員となった。計算上、藤代の講演会に出席したメンバーはそっくり会員になったことになる。面白いことに火付け役の川上は会員になっていないが、これは川上が矯正の実務をやっていなかったための遠慮であろう。定芳も糊口を凌ぐために一般治療にシフトしていたが、これは当時としては当たり前のことで、アメリカ矯正学会を作ったアングルの薫陶を受けたという経歴は何人も無視できない貴重なものであった。

専門学会の必要性は川上や今田が折にふれて展開してきた主張で、この前年には補綴学会が「十三日會」というスタディグループから発展して成立している。したがって、矯正学会は日本で二番目の専門部会ということになる。もはや戦後ではない、と言われだした頃から陽の当たる場所に出てきたと思われがちな矯正が、実は日本でも最古の歴史を誇る存在であるのは実に興味深い。

（注68）「澤正」で愛された澤田正二郎は早稲田の予科の頃にすでに演劇で頭角を現していた。文芸協会の研究所の第二期生として卒業後はプロの道へ進んだ。なお、第一期生の中には上山草人や上山浦路、松井須磨子などがいた。「澤正」はのちに新国劇の大御所となったが、藤代夫妻もその評判に惹かれて観劇したのであろう。
（注69）『日米交換船』八四頁に、「留学生の援助者・藤代真次博士…」という項目がある（注92）。
（注70）『歯学資料』に「川上、岩垣両氏が世話されて…」とある。これは直近の『日本之齒界』に岩垣と川上が藤代講演の記事を書いたので、今田が勘違いしたものであろう。
（注71）藤代の講演直後、川上に勧められて『日本之齒界』七五号に「藤代ドクトルの講演を聴きて」という長文を寄せている。
（注72）中山太一（一八八一～一九五六）は山口県の生まれで、一九〇三年に大阪に中山太陽堂を創設した。一九〇六年の洗粉を皮切りに、白粉や歯磨などを立て続けに発売し、ひと山当てた。フルベール化粧品のホームページに「（中山は）日本人の肌に合う西洋風の新しい化粧品づくりに取り組み、…」とあることからも分かるように、中山は現代に通じる感覚の持ち主であった。大手の新聞に一頁広告を打つ位だから、当時の代表的な化粧品会社を誇っていたことは間違いない。勢いをかって貴族院議員に選出されたこともあったし、経営危機に瀕した『文藝春秋』を傘下に入れようとしたこともあった。

## 日歯退職裏ばなし

講義録を書かされることもなく、気ままに教壇生活を楽しんでいた定芳であったが、今度は定芳の責任ではない悩みが勃然として起こった。

日歯では、歯科矯正学の教授だった原玄了が一九一二年に退職したあと、直ちに東京帝國大學から北村一郎を迎えた。石原久の推挽があった北村は、その前年に醫學科を卒業したばかりで、当然といえば当然のことながら、矯正臨床の経験は皆無であった。北村は、その講義録の中で、歯科矯正学を整形外科学の一部分と捉えていた。これでは咬合機能の改善という見地からは不十分である。そこで中原は定芳を半ば強引に日歯に引っ張り込んだ訳である。ところが定芳の講義は相も変わらず雑談に終始した。仕方なく中原は、親戚筋に当たる大庭淳一を一九二五年、ペンシルヴェニア大学大学院に派遣し、矯正の研究をさせた。これは明らかに「文験」対策であった。「文験」委員で矯正を担当するのは高橋新次郎で、定芳お得意のアングルのことなど出すはずがない、と中原は読んだのである。その中原の期待に添うべく、大庭は教材として百科事典的な『歯科矯正學提要』という教科書を作った。資料の寄せ集めで理念がない、と陰口を叩かれたが、すべてを網羅しているという意味では役に立った。

大庭は変わった経歴を持っていた。一九〇五年に東京郵便電信學校を卒業し、暫く逓信省に勤務していた。その後、中原の薦めで日歯に入学し、一九一三年、指定第二回で卒業した。始めは事務系で学生係をやっていたが、一九一七年、比較解剖学及び歯科医学史担当の教授として教職に就いた。一九二八年には専務理事となり、経営にも参画した。一九三三年からは五年に亘り、正規に歯科矯正学を担当した。結構長生きし、六〇周年記念誌の編集責任者を務めた。痩身で温厚な人柄だった記憶がある。

定芳はこの人事に内心心穏やかではなかった。自分という教授がいるのに、中原血族だということで、一年足らずアメリカに行ってきた人間を教授に据えるのは屋上屋を重ねる振る舞いで、中原じいさん何か企んでいる、と勘ぐったのである。血脇との意地の張り合いも収まってきたし、学校の基礎も固まってきている。草創から守成へと移ろうとしている時期に、いつ何時無茶をやらかすか分からない外様の人間を抱えるよりは、譜代を教授にした方がいいに決まっている、とすっかりすねてしまった。しかしこんな心の内は死んでも他人に見せるわけにはいかなかった。

こんな状態で鬱々しているところへ、ある日、中原が来学期から二年と三年の英語も担当してくれないかという話を持ってきた。別に断る理由もないので、軽い気持で定芳は引き受けた。

それから数日たって教員室で寛いでいると、後藤という富士見町に古くからいる英語の専任教師がにじり寄ってきた。そして出し抜けに、「君は堂々たる歯科医じゃないか。しかも歯科医学の教授で開業までしてゐるんじゃないか。何も英語教授の本職まで奪って稼がなくってもい、じゃないか」となじり始めた。あっけにとられて事情を問いただすうちに、中原の意図が徐々に浮かび上がってきた。必要に迫られて迎え入れた定芳だったので、大庭がいるからといってクビにするわけにも行かず、取り敢えず英語の時間を増やして一時を糊塗しようとした、と気付いたのである。となると、とばっちりを受けて二年三年の職場を失った後藤は、時間給であるから生活にかかわる。

こうなると短気な定芳は歯止めがきかない。そのまま中原にも会わず、ぷいっと家に帰ってしまい、すぐに速達で辞任届を学校へ郵送してしまった。

二三日して、びっくりした中原が直々に訪ねてきたが、たまたま不在で言葉を交わす機会はなかった。数日後、過分の退職手当が届けられ、中原との縁はそれっきりになった。

経営者としての中原と、使われる側の定芳とでは、天と地ほどの感覚の隔たりがあった。定芳の側に立ってみれば、教職に飽きたのか、適性がないのを自覚したのか、チャンスといえばチャンスだった。中原に嫌みを言われながらも、血脇との間にあえかな一本の糸をつないでいた定芳にとって、中原に対する未練はない。ひどい裏切りにあって、行き着くところ縁故で周辺を固めようとした中原に対し、縁故を可及的排して有能な弟子を登用した血脇への思い入れが深かったのであろう。いずれにせよ、これで定芳の日歯教授時代は終わった。

（日本歯科大学新井一仁准教授提供）

**図48**　アングルスクールで1908年のクラスに日本人らしい人物がいた（22）

一九二七年春のことであった。

## 野澤茂の帰国

アングル・スクールの卒業生には、定芳のほかにもうひとり、日本人らしい人物がいた、とアメリカ矯正学会の大御所グレーバーから聞いたことがある。調べていくうちに、矯正に関する事項の緻密な調査で知られるワインバーガーの資料の中に、定芳が在籍した翌年のクラスに該当する人物を発見した（**図48**）。アングルの向かって右手で床に坐っている小太りの人物は、Mataichi, Kihitaと紹介されているが、この荒俣宏に似た人物についての国内での記録は見当たらない。おそらく、そのままアメリカにとどまったのであろう。

アングルがパサデナに居を移してからは、前述のように、東京歯科醫學校卒の野澤茂が、三年の長きに亘ってアングルの薫陶を受けた（**図49**）。そのころ、リボンアーチ装置に限界を感じていたアングルは、苦悩の果て、エッジワイズ装置を完成しつつあり、野澤はその

（矯正學報，創刊號，1933より）
**図49**　アングルスクールのベン野澤（右端）

経過の貴重な目撃者となった。一九二七年に帰国した野澤は、松本フミと結婚して松本茂（のち、茂暉《しげあき》）となり、本郷區丸山新町一六で開業してアングルシステムの普及に務めた。当時日赤の歯科部長も兼任していた三内多喜治のひきで、日赤でも矯正治療を行った。

　定芳が帰国した頃に比べ、世の中の矯正に対する理解度も高まり、患者数も鰻登りに増加した。教育機関の付属病院以外では、ほかに矯正を専門にやるものがいなかったので、自然に日本の矯正の第一人者となった。定芳はアングルとの誓いを破ったが、松本はそれを忠実に守ったのである。定芳は、折にふれ、松本の幸運を羨んだ。そればかりでなく、後年、次女月子の娘・マーシャの矯正治療まで頼んでいる。

### 本家に先駆けたアングル追悼会

　一九三〇年八月一一日、散歩の途中で気分が悪くなったアングルは、そのまま帰らぬ人となった。享年七五歳。死因は心臓麻痺であった。

　悲報に接した榎本美彦は、いちはやく定芳らと語らい、追悼会を開催することを決めた。榎本会長は『歯科學報』に弔辞を掲げ、追悼会への参加を促した。

　追悼会は一〇月二一日、東京歯科醫専講堂で行われた（図50）。午後六時半開催であったが、三〇〇名を超え

（今田見信：「歯学史料」アルバムところどころ，20，医歯薬出版，東京，1967より）

**図 50**　アングル追悼会は東歯講堂で行われた

る参加者があった。東京の歯科医師数が一、三四〇名であったことを思えば、大変な人数が集まったと言える。

祭壇には日米の国旗が飾られ、その前に花をあしらった在りし日のアングルの写真が安置された。司会は東京高等齒科醫學校講師の高橋新次郎が務めた。高橋はのちにアンチアングルの旗幟を鮮明にするが、当時はまだ若く、学会幹部の立場でこの重要な役割を果たした。

主催する日本矯正齒科學會の会長・榎本美彦の開式の辞に続いて、七つのグループ代表者からの弔辞が読み上げられた。定芳もアングルスクール出身者代表として弔辞を捧げた。そのなかで定芳は、アングルが自らの矯正学を完成させたことを称え、それに引き比べて日本にアングルイズムを徹底できなかったことを恥じた。

他に、アメリカの著名な矯正家からの寄稿が読み上げられた。定芳が危うく放校になりかけたのを救ってくれたアングル未亡人からの謝辞は、アングルの許で長く薫陶を受けた松本茂が代読した。

続いて記念講演会が開かれた。司会を務めたのは、日本大學専門部齒科教授の木暮篤太郎であった。

講演者の中には、榎本会長や松本茂らに混じって、東京齒科醫専校長・血脇守之助や軍医で日赤齒科部長の三内多喜治の名前もあった。もちろんわが定芳も加わり、「アングル學校時代」で思い出を披露した。

話の内容は、追悼式典とは打って変わって洒脱なもので、アングルスクール入学のきっかけから、不真面目な生徒ぶり、退学を勧告されての周章狼狽、その後の一生に一度の猛勉強、矯正専一を誓って帰ってきてみたものの日本には矯正の土壌が育っていなかった状況、などをおもしろおかしく語り、会場の笑いを誘った。

講演の最後に登場した高木梅軒は、一九二五年に帰国するまでの在米四〇年の後半、アングルのところに出入りし、学会発表の資料からアングル夫妻の日常まで、多くの写真を撮った。アングルも高木の写真技術に全幅の信頼を置いた。高木は、講演の後、「偉人の面影」と題して、撮り溜めたアングルの日常生活のスライド（当時は幻燈と称した）をスクリーン上に紹介した。インディアンの衣装を纏ったり、軍服姿の三内多喜治と談笑するアングルがそこにいた。

この追悼会は、その翌々年、日本で初めて専門学会学術総会を開催した日本矯正歯科學會にとって、またとない練習台となった。

## 日本矯正歯科學會の第一回学術大会

アングルが死去して一年半後の一九三二年四月一〇日、日本矯正歯科學會は、東京市神田區美土代町（現・東京都千代田区神田美土代町）の日本基督教青年會舘で、第一回の学術大会を挙行する運びとなった。(注73) 榎本会長以下関係者は夜を日に継いで準備に奔走した。

数日来の晴天は当日も続き、この日も朝からからりと晴れ上がった。待ちかねた人びとが早朝から三々五々足を運び、二階の三室をぶち抜いて二〇〇人まで収容できる会場は、定刻の午前九時には、ほぼ満員の盛況であった。フロックコートを着用した榎本会長は静かに登壇し、厳かに開会を宣言した（図51）。以後戦中戦後の中断はあったが今日に続く日本矯正歯科学会の長い歴史の第一歩はここに印されたのである。

（榊原悠紀田郎先生提供）

**図 51**　第１回日本矯正齒科學會大会で挨拶する会長の榎本美彦

準備委員長だった慶應大學の岡田满(注74)によれば、この大会を発議したのはアングル追悼会から半年を過ぎた一九三一年四月の学会例会の席上で、以後、東京と大阪の矯正関係者が連携して計画を進めた。大会に向けて五月には学会の機構改革も行われ、東京支部と大阪支部が成立した。(注75)本部と東京支部では、比較的組織が大きいこともあって、役職者は学校関係者が務めたが、大阪支部では在野矯正家が主導した。会員獲得のため、矯正に興味があれば誰にでも、その門戸を開放した。その結果、大会開催時には東京支部三八人、大阪支部一八人の会員登録があったほか、大会に参加した人数は一六四人に達した。

明治の終わりから大正初期にめざましい活躍を見せた定芳は、学会を作るときこそ先頭に立ってあれこれ世話を焼いたが、それから五年という歳月は定芳にとっていささか長すぎた。ここでも例の悪い癖が出て、完全にしらけてしまったのである。アングルが亡くなって一区切りついたし、とっくに矯正治療から離れ、一般治療にシフトしてしまって、学会に発表するものもなかった。そのうえ、当日の演題の多くは、日本人の事大主義を反映したご大層なもので、これは定芳の最も忌み嫌うものであった。まあ勝手におやんなさい、とひとり蚊帳の外にいるのも、いかにも定芳らしい。この日、もうひとり会場に姿を見せなかった大物がいた。後に榎本美彦の後任として東歯醫専の教授となる齋藤久で、血脇の命令でヨーロッパ留学中だった。

日本矯正歯科學會は幾多の手段を講じて国の内外に大会開催をアピールしたため、寄せられた祝辞・祝電は約二〇、論文や展示物は八三に達した。当時の習慣として、交通事情もあって、本人の代わりに論文が送付され、代読されることもままあったのである。しかし折角送られてきたにもかかわらず、これらは時間の制約もあってすべて省略され、主会場での講演は一五題に制限された。これらのうち、大阪からは、後に大齒醫専（現・大阪歯科大学）の教授になる太田實の一題のみであった。歯科教育機関が東京地区に集中していたことの反映であろう。

いずれにしても大会は大成功で、閉会後幹部連は近くの〝今文〟で美酒に酔い痴れた。

（注73）「十三日會」から発展してわが国最初の専門分科会を設立した補綴学会は、長老による教育的な講演から抜けきれず、一般会員参加の学術大会は開けなかった。

（注74）岡田満は一八八六年四月、滋賀県で生まれた。一九〇九年に東齒醫専を卒業しているから、定芳の漫談講義を受けた口である。柔道で鍛えた堂々たる体格で、しかも学業成績もきわめて優秀であった。卒業と同時に助手に採用されたが、翌年渡米し、歯科補綴学の研鑽を積んだ。その一方で、スタントンの門に入り、歯科矯正学を学んだ。岡田の面白いところは、そのあとでジョージ・ワシントン大学歯学部の最高額年に編入させて貰ったことである。余裕があったので、同時進行でスミソニアン研究所に入所し、人類学も学んだ。一九一八年末に帰国したところ、慶應大學に医学部ができることになり、一九二〇年四月に歯科學（現・口腔外科学）教授に就任した。日本矯正歯科學會が発足したときには欧米視察で日本を留守していて、慶應大學からは岡部澄雄を代理出席させたが、副会長に擬せられた。東齒醫専の花澤鼎ら多くの歯科人が学位取得で岡田の恩恵を受けた。一九六二年二月死去。

（注75）第一回大会から四か月後の八月、札幌支部が誕生した。会員は一一名で、支部長を服部清が務めた。当初は日本各地に支部を置く予定だったが、以後が続かなかった。

# 第十章

## 感電事件

アメリカ建国の父のひとり、ベンジャミン・フランクリンがある夏、雷雲の下で凧を揚げ、指先から稲妻がほとばしり出る、という実験を行った、とまことしやかに伝えられている。こんな実験をやったら、命がいくつあっても足りないのが当然で、冷静に考えれば、ホラ話であることはすぐに分かる。平賀源内がエレキテルという道具を作って自らを帯電させて他人にふれ、相手を驚かせた、というのも話としては面白い。

ところが、面白がってばかりはいられない事態が定芳の身に起こった。頃は五月雨の季節、そろそろ帰り支度をしようかと思っていたところへ、横浜の知り合いの歯科医から紹介された女性が母親同道で現れた。上顎の大臼歯の治療をひと月以上やっていたが、埒があかないので、ひとつレントゲンでもかけてみて貰ってこい、と言われたらしい。今はレントゲン装置がない診療所など、まずはお目にかからないが、当時は殆んどの歯科医師が勘で治療していた。定芳はアメドクであるし、新しいもの好きときているので、安物ではあったが島津製の装置を備え付けていた。これが震災で焼けてしまったので、かなり強引に値切り倒して、今度は一般医科用の大がかりなものを購入した。

安全性など二の次だった時代、配線は露出しているし、遮蔽は衝立ひとつだけで、専用の撮影室という発想もない。歯科用レントゲンの線量など多寡が知れていて、一メートルも離れていれば無害に等しいという程度である。最近のように被曝線量がうるさく言われる前は、歯科用ユニットにレントゲン発生装置が組み込まれていて、きわめて便利だった。プロテクターなど誰も着用しなかった。定芳の場合、島津から重々言われていたので、ゴム製の防護衣をものものしく一着に及んで撮影していたが、効果の程も定かでない。しかも、この装置たるやよく故障する。その都度、島津から修繕にやってくる。その一部始終を定芳はしっかり見ていた。そして定芳の不幸は、いとも簡単に見えるこの作業が、長年の経験に裏打ちされた職人業であるのに、何と簡単な、と思ってしまったことにある。ゴムの防護衣もいつしか着け忘れる、ましてやゴム手袋など、という気の緩みも加わった。しかも帰心が頭をもたげ、片付けが始まろうとしていた時刻。そこへレントゲンを撮ってくれとの依頼である。気乗りがしないのを営業笑いで隠して、それでもてきぱきと準備を完了した。

こちらへどうぞ、と椅子に患者を座らせ、患部にフィルムを噛ませて、スイッチを入れた。ところがメーターの針は細かくふるえているだけで、いつものようにサッと振れない。こりゃ故障じゃわい、と職工さんのまねをして、トントン叩けば動き出すじゃろう、と伸ばした手が、あろうことか、むき出しの配線に触れてしまった。

バチッと音がして一旦は後ろへはねとばされたが、狭い治療室なので壁にぶつかり、その反動で再び配線に手が押しつけられた。何万ボルトもの高圧電流に素手で触れたのだから、何条もって堪るべき、流石の定芳も気を失ってしまった。

次に気がついたときには待合室の長椅子に寝かされ、何人もの顔が上から覗き込んでいた。電気の心得のある助手が命の恩人で、院長が感電したと悟ると、素早くスイッチを切った。これが実に適確な処置で、先に定芳救出に向かったら、二つの黒こげ死体が転がっていたかも知れない。

あとで調べてみると、線にふれた左の手首に二本の大きな線状の火傷、両足の親指の底に一か所ずつ、直径八ミリメートル位の真っ黒な焼け跡がついていた。左の手首から入った電流が両足から抜けたらしかった。しかも心臓を避けてである。一歩間違えればあの世行きが、約四五分の人事不省で済んだのだから、奇跡としか言いようもない。さてもさても定芳は強運の持ち主である。

急に定芳がひっくり返ったのを見て、驚いたのは患者達である。自分の依頼がこんな事態を引き起こした、と責任を感じた患者の母親は、急いで飛び出して行って、近所の医者という医者の門を叩いて往診を頼んだ。そのため、二、三〇分で七、八人の医者が駆けつけたが、強心剤を打つほかに気の利いた手だても浮かばない。運良く定芳が正気を取り戻したのを幸便に、ぞろぞろと引き上げて行った。

本人は命は助かったものの、背中の筋肉が強直して、体を動かすことができない。鎌倉の自宅から看病に来て貰って、とうとう診療所に一〇日あまり泊まり込む始末だった。そのあと二週間ほど自宅静養して職場に復帰したある日、東大から人が来て、感電の一部始終を事細かく聞いていった。その帰り際、「身体へ何万ボルトの電流を何秒間通ずるということは、頗る良いことだという説があります。あなたも非常に壮健になるかも知れませんよ」と他人事のような言葉を残していった。

それが真実だったのか、後年、定芳は屢々「お変わりありませんね」とか「昔の儘でお若いですね」と言われたが、これはどちらかといえば、まめに髪を染めていたためであろう。

## 新橋堀ビル

日常生活の中で、ドアの開け閉《た》てをしない日はない。そのドアには取っ手があり、蝶番がある。家を建てたとき、大抵は建築屋が持ってきた分厚いカタログの中からドアを選ぶのが普通だが、取っ手や蝶番に拘《こだわ》る人は拘る。そういう人たちのために超高級な品物を取り揃えている店の一つが新橋の堀商会である。この会社が一九三三年に建てた堀ビルは、新橋駅日比谷口を出てすぐ、戦災をかいくぐって残った重厚な建物である（図52）。社長が上野の美術學校（現・東京芸術大学）の出で、パリあたりのビルにその範をとったらしい。戦後派の中華料理店・新橋亭を含め、周囲がすべて建て直された現在、塔屋まで付いたこのビルはひときわ異彩を放っているが、当時もかなり目立った。交差点の角に面して階段を四段上がったところに入り口があり、中にはいると、そこは受付でありショウルームであり、商談の場でもある。

この二階に診療室を構えた定芳は、今と違って、交通量も大したことはなかったので、人力車でも馬車でも、何の気兼ねもなく通りに止められたし、駅からも至近距離という立地条件がいたく気に入り、それまでの引っ越し癖を嘘のように引っ込めた。

当時の歯科診療室といえば、リノリュームの床にマホガニー色の治療ユニットを配する、というのが流行だった。駿河台下の榎本美彦の診療室しかり、片倉ビルの青木貞亮のそれしかり、であった。一時代診として手伝った眞砂子の記憶でも大同小異の治療室風景であった。のちに居抜きで譲ろうとしたが、古くなりすぎて誰も手を挙げなかった。

図52　懐古調の建物・新橋「堀ビル」の二階に定芳のオフィスがあった

あんた、麻雀はどうかね。たまにはつまむって？　一、〇〇〇点一〇円？　至極おとなしいレートぢゃな。

掛け金の多寡は置いといて、鎌倉で麻雀に出遭ったとたん、わが湘南クラブは賭場と化した。別荘族の消費購買組合として一緒にクラブを作った石橋湛山クンなんか唖然としていたね。警察に踏み込まれる心配がないんだから遣り放題だった。え？　警察だって賭け麻雀をやりますって？　どこぞの警察じゃ図書券を賭けたって？　馬鹿馬鹿しい。泥棒を捕まえる警察が嘘を言っちゃいかんね。え？　私も嘘だと思います？　そう、それが庶民の常識ってもんだ。すぐバレる言い訳が通ると考えるなんて笑止千万もいいとこだ。え？　何をそんなに亢奮してるんですかって？　いや、吾輩も麻雀では痛い目に遭ったことがあるんぢゃよ。

## 二度目の拘留

日本歯科評論の随筆「村人罷り通る」は、定芳にしては珍しい長期連載となったが、流石に聊かげんなりしてしまい、休筆宣言をした。ところが、暇ができて頭に浮かぶことといったら、飲むことと遊ぶことばかり。やっぱり何か書いていないと呆けてくるのではないか、と首筋がうそ寒くなってきた。そこで高津と相談し、今度は連載ではなく、書き上がったときに掲載する、という約束で、「流れ文」という題で随筆を書くことになった。一九五六年二月の第一六〇号を皮切りに、翌年の第一八〇号には「麻雀物語」を書いた。

冒頭に「麻雀はギャンブルの一種だから、その勝敗に何物かの懸賞がつかないとそのつまらなさ、恰も絶対不感症と褥を共にして相抱くが如き感がある」、とあるので、これは何かある、と思ったら、果たして「菊池寛君が築地に文春クラブを作つてここにも麻雀室があり、盛に文士連が毎夜々々ギャンブル麻雀をやっていた。ある夜、その筋の手が入り一網打尽に警視庁にあげられた。一夜の留置で、以後はつつしみましょう、ですんだ。吾輩などもこの一夜組の一員だつた」と懺悔の告白。

つまり、長年の雀友とともにわが定芳もお縄を頂戴してしまったのである。しかも、赤坂オイコラ事件のときとは違って、今度は非は定芳にあった。文士の拘留であるから、新聞各紙はこれを大々的にとりあげた。一九三三年一一月一八日[注76]（土曜日）付東京朝日新聞は第一一面の半ばを割いて報道した（**図53**）が、定芳はすでに日歯を退職し、市井の一歯科医であったので、名前を出されないで済んだ。

きっかけは、かねてから素行上の問題で内偵が続けられていた吉井勇伯爵夫人徳子[注77]の逮捕であった[注78]。その経過で文士連の麻雀賭博が浮かび上がり、里見弴、久米正雄夫妻、佐々木茂策夫妻、中戸川吉二夫妻、川口松太郎など、かつての「湘南クラブ」の常連が芋づる式に拘留された。引っ張られたのは一五人に及んだ。

文壇人に恐慌來！
ダンス・ホール事件急轉
妾宅で賭博中の
里見弴氏等を檢擧
吉井伯夫人の取調て
遊び仲間の裏面暴露
有閑マダムも混り
玄人めいた開帳
中戸川夫人以外は全部留置
里見氏など大しよげ
これが伯爵夫人！
無恥・係官を驚かす

（東京朝日新聞，1933年11月18日刊より）

**図53**　吉井勇夫人が不行跡がきっかけで文壇人の一斉取り締まりが行われた

この騒動は一回では終わらなかった。当時の新聞論調も、麻雀賭博は有名文士の専売特許ではなく、各界が汚染されているだろう、と文士に同情的であった。そんな風潮に悪乗りして文士の懲りない面々は、多少警戒しながらも、相変わらずチーポンに明け暮れた。年が明けて春も浅い三月一七日（土曜日）、新聞各紙の社会面はまたしても警視庁の麻雀賭博摘発記事で埋まった。今度は菊池寛や甲賀三郎、大下宇陀児などの文士のほか、政治家から芸能人[注79]まで巻き込んで、計三五人が拘留された。このとき定芳は嫌疑の外にいたので、高みの見物を決め込むことができた。

騒ぎの割りに処分は軽く、長くてせいぜい一昼夜の拘留で済んだが、幹部が摘発された日本麻雀連盟は窮地に追い込まれた。なにせ菊池寛、久米正雄、鈴木吉之助という歴代総裁をはじめ、佐々木茂策夫妻、川崎備寛、里見弴、中戸川吉二、廣津和郎、甲賀三郎、林茂光らの有段者が当局の取り調べを受けたのであるから、連盟は対応に苦慮した。苦肉の策として浮上したのが「スポーツ麻雀」で、競技としての麻雀の健全な発展を図る、と当局に一札を入れて、ひたすら謹慎の態度を示した。

（注76）皮肉にもこの日には府中に東京競馬場がオープンし、公営ギャンブルが始まった。二〇円の馬券がある一方、非公営の麻雀では一、〇〇〇点一〇円が摘発された。

（注77）吉井徳子は、藤原北家の流れを汲む公家華族の柳原伯爵家の当主・義光の次女として、一九〇〇年五月に生まれた。結婚相手の吉井勇も従四位の伯爵で、一四歳年上であった。一粒種の滋は儲けたものの、ダンスにうつつを抜かすようになった。ひとり徳子にとどまらず、華族社会の乱脈ぶりは平安時代からの伝統（？）みたいなものだったが、いささか度が過ぎたために当局の知るところとなった。同じ一八日の朝日新聞は、ほかにも華族同士のスワップも存在する、と伝えている。

女房の不行跡を咎められた吉井勇は、流石に憮然として、「世のひとは嘲《さげす》みて耳をふたぐべしわれの心は酒にかたらむ」と和歌に心境を託したが、これも世間離れした話である。

（注78）松本清張の絶筆で未完の大作『神々の乱心』（文芸春秋社刊）では、もう一つ事件の真相を掘り下げて、警視庁の背後に軍部が蠢き、堕落した社会の粛正という大義名分をかざしてクーデターを敢行しようと目論んでいた、と推理する。

（注79）このとき映画人では、八雲里恵子、筑波雪子、松井潤子、吉川満子、結城一郎、奈良眞養、小林十九二らが拘留され、留置場は撮影所が引っ越してきた観を呈した。飯田蝶子はこのとき三八歳で、お世辞にも美人とはいえないが、演技派女優として人気も高かったようである。戦後の飯田は、風貌と言い、芸達者さといい、菅井きんを髣髴させる名脇役であった。

## 松本茂暉の日矯脱退

三年有余に亘りアングルの薫陶を受け、一九二五年と二七年の二度に亘る修了記録を持つ野澤茂は、帰国後、日赤病院と丸山町の自宅でアングルシステムの普及に努めた。結婚して松本茂（のち茂暉）となり、その自宅には松本矯正研究所を設置し、多くの会員を集めた。師匠のアングルの死後は「松本式矯正装置」を開発し、特許を取った（図54）。アングルの装置は白金加金を用いるものであったが、松本の装置はステンレスに金メッキを施したものであった。この装置の普及のために、送られてきた石膏模型上で装置を作って送り返す、という独自の方法をとったが、適合が悪いと非難を浴びたこともあった。

「日本矯正歯科學會」が発足して五年目にして、やっと第一回の学術大会が開催されたことは既に述べた。問題はその翌々年四月に起こった。松本は研究会会員の発意で、研究会を「大日本矯正歯科醫學會」と名称変更したのを咎められ、「日本矯正歯科學會」脱退に追い込まれてしまったのである。

（矯正學報広告頁より）

**図54** 特許を取った松本式矯正装置の広告

当時の矯正学会は榎本美彦が会長だったが、榎本は赤字の補填に私財をつぎ込むほどの入れ込みようで、同じ基督教青年會館を使って、しかも紛らわしい名称の学会を開催する松本の動きは、分派行動以外のなにものでもない、と危機感を募らせた。松本は本意ならずも詫びを入れたが、榎本はこのような事態になったのは自分の責任、と会長を辞して見せた。勿論周囲か

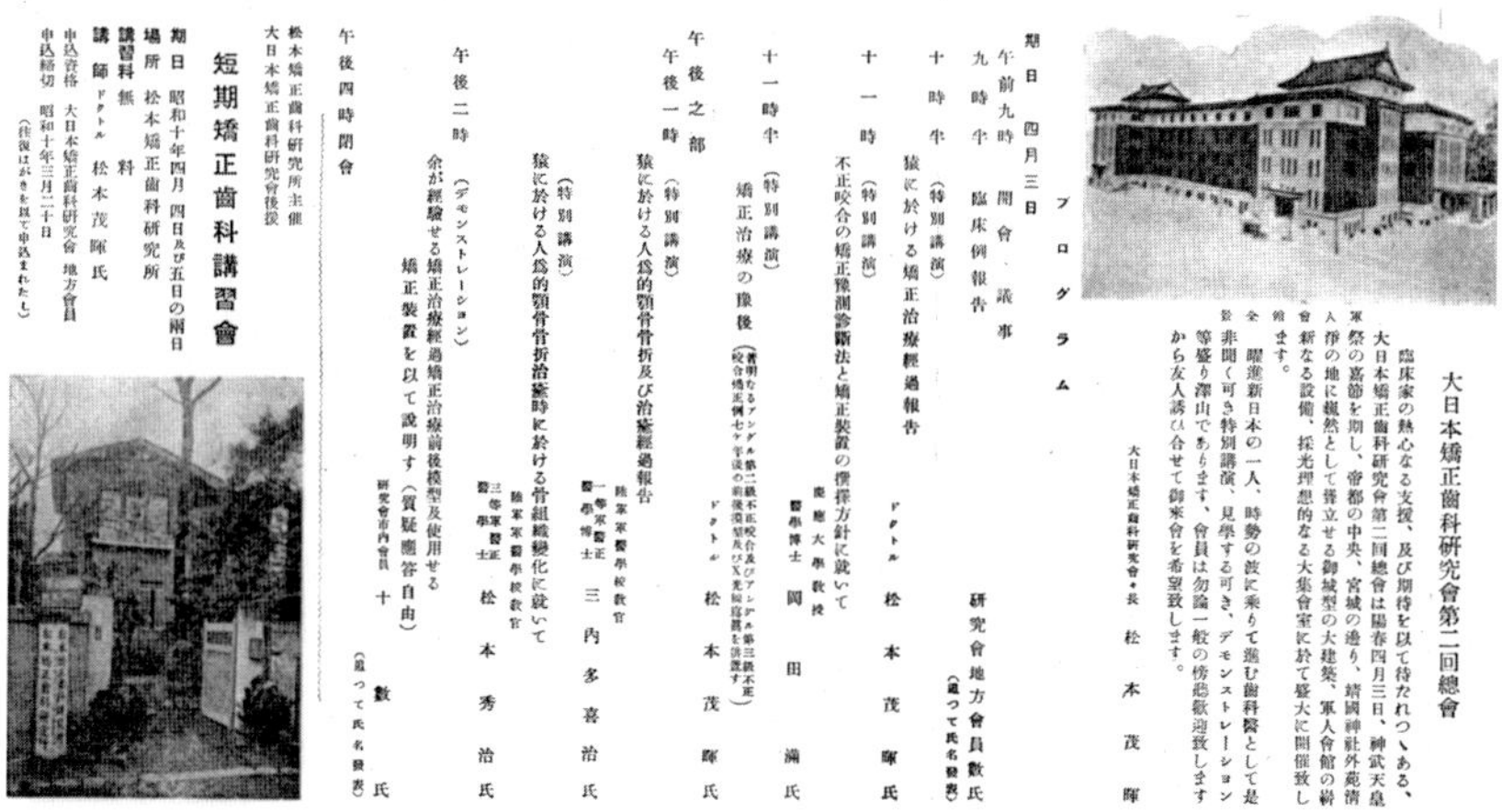
大日本矯正齒科研究會第二回總會

臨床家の熱心なる支援、及び期待を以て待たれつゝある、大日本矯正齒科研究會第二回總會は陽春四月三日、神武天皇祭の嘉節を期し、帝都の中央、宮城の邊り、靖國神社外苑清淨の地に巍然として聳立せる御城型の大建築、軍人會館の嶄新なる設備、採光理想的なる大集會室に於て盛大に開催致します。

躍進新日本の一人、時勢の波に乘りて進む齒科醫として是非聞く可き特別講演、見學する可き、デモンストレーション等盛り澤山であります、會員は勿論一般の傍聽歡迎致しますから友人誘ひ合せて御來會を希望致します。

大日本矯正齒科研究會々長　松本茂暉

プログラム

期日　四月三日

午前九時　開會・議事

九時半　臨床例報告　研究會地方會員數氏（追つて氏名發表）

十時半（特別講演）猿に於ける矯正治療經過報告　ドクトル　松本茂暉氏

十一時（特別講演）不正咬合の矯正豫測診斷法と矯正裝置の撰擇方針に就いて　慶應大學教授　醫學博士　岡田滿氏

十一時半（特別講演）矯正治療の豫後（著明なるアングル第二級不正咬合及びアングル第三級不正咬合矯正例七ケ年後の前後模型及びX光線寫眞を供覽す）　ドクトル　松本茂暉氏

午後之部

午後一時（特別講演）猿に於ける人爲的顎骨骨折及び治癒經過報告　陸軍軍醫學校教官　一等軍醫正　醫學博士　三内多喜治氏

（特別講演）猿に於ける人爲的顎骨骨折治癒時に於ける骨組織變化に就いて　陸軍軍醫學校教官　三等軍醫正　醫學士　松本秀治氏

午後二時（デモンストレーション）余が經驗せる矯正治療經過矯正治療前後模型及使用せる矯正裝置を以て說明す（質疑應答自由）　研究會市内會員　十數氏（追つて氏名發表）

午後四時閉會

松本矯正齒科研究所主催
大日本矯正齒科研究會後援

短期矯正齒科講習會

期日　昭和十年四月　四日及び五日の兩日
場所　松本矯正齒科研究所
講習料　無料
講師　ドクトル　松本茂暉氏
申込資格　大日本矯正齒科研究會　地方會員
申込締切　昭和十年三月二十日
（往復はがきを以て申込まれたし）

（矯正學報広告頁より）

**図55**　大日本矯正齒科學研究會第２回總會のプログラム。演者の中に岡田滿や三内多喜治の名がある

らの懇願黙《もだ》し難く、という形で会長職には復帰するが、松本としては居心地悪くなるのは当然であろう。そこへ持ってきて、文部省歯科病院に拠って力をつけてきた高橋新次郎は大のアングル嫌いであった。まさに四面楚歌である。この騒動のお蔭で、日本ではアングルシステムは表舞台から消えた。

しかし松本はしたたかであった。名称を穏当なものに戻した研究会はかなりの規模を保ち、会員数は本家の「日本矯正歯科學會」を凌駕し、例会も頻繁に開かれた。第二回の総会は九段坂下の軍人會館で開かれ、「日本矯正歯科學會」の主要なメンバーの一人である慶應大學教授の岡田満や、陸軍軍醫學校教官の三内多喜治などが招かれて講演した（**図55**）。アングルの弟子としては先輩格の定芳も、後年、特別講演を依頼されたことがあった。松本と定芳の縁は個人的にも深く、子息・圭司の結婚披露宴にも招かれて祝辞を述べたりもした。「日本矯正歯科學會」に居場所を失った松本は、面白いことに、アングル嫌いの高橋が所属する「口腔病學會」にも積極的に参

加した。一九六一年、榎恵や三浦不二夫らによってマルチブラケット装置が導入され、日本の矯正界が一大転機を迎えた頃、日本版アングルスクール開設を夢見た松本は、その完成間際に出火により死去した。定芳は終始松本のよき理解者であった。

## 代用合金

皮肉屋アンブロウズ・ビアスの『悪魔の辞典』をもじって言えば、「歯医者は、患者の口の中に金《きん》を入れ、患者の懐から金《かね》を抜き取る魔術師である」と定義できたほど、歯科では古来金が用いられてきた。生体に為害作用がなく、変色することもなく、当たりも柔らかく、すり減り方も歯とほぼ同じだからである。わが国での金の消費率も歯科界が際だって高かった。

ところが一九三〇年代に入ってから軍部が暴走を始め、その戦費調達のとばっちりで金の使用が「歯科医師一人当たり年間二匁（七・五グラム）」に制限されるに至った。(注80) しかも定芳の勘では「来年の保証は皆無」であった。

金が使えないとなると、各界で金に代わる金属の模索が始まった。実は歯科界ではこのような事態になる前から、代用合金は使われていた。その代表的なものがニッケルクローム合金である。金に比べて値段が格段に安いこともあって、庶民階級を相手に、殆んどの歯科医がこれを採用した。民間のやることにはいちいち異を唱える政府は、代用合金として銀パラジウム合金を推奨し、ニッケルクローム合金の使用を禁止しようとする動きを見せた。パラジウムはロシアの特産品であり、今でもそうだが、生産量はきわめて少ない。(注81) 国策に沿ってパラジウムを大量に輸入した某商社を保護しようとしている、などという噂まで飛んで、(注82) 歯科界は騒然となった。

騒ぎとなるとまかり出てくるのがわが定芳である。以前から事あるごとに代用合金について発言していた定芳の許を、八月の中旬頃、林實[注83]がふらりと訪れた。林は歯科医で発明家で定芳の二〇年来の友人であった。診療の傍ら、歯科用金属の研究に打ち込み、それが昂じてミカドプラチナなどという会社まで作ってしまった。何か新しい合金を作り出しては、「こんなのどうですか」と定芳のオフイスに持ち込むことも屢々だった。この林が、金の使用制限で歯医者どころか患者まで迷惑していること、金に代えてお上が推奨する銀パラジウム合金供給に不安があること、などひとしきり嘆じた挙げ句、話をニッケルクローム合金に転じた。もう一〇年近くの使用実績のあるニッケルクローム合金の生体為害性をことさら強調して使用禁止を画策する一派があること、これに対抗しようとしても肝腎の業界の足並みが揃わないこと、銀パラジウムは脆弱で使い勝手が悪いこと、など滔々と論じて、ハイさよならと帰ってしまった。それから四、五日経って、サンプラの加藤信太郎とウイプラの大塚豊美がやってきて、「二か月ほど前に作った『日本歯科白色合金同盟會』内部で議論を続けてきたが、このほどやっと意見がまとまり、お互い利害関係を離れて、斯界の与論を喚起するよりほかに局面を打開する方策はない、という結論に達した。就いては一番の理解者である先生に是非ともお力添えいただきたい」と口上を述べた。

二つ返事で引き受けた定芳は、「敢て臨床家各位に檄す、歯科用黄金の制限と白色代用合金に就て」と題する長文の意見書をひと晩で書き上げた。

ところが、印刷費から切手代まで二、〇〇〇円以上かかる。宵越しの金は持たない主義の定芳にそんな金があるはずがない。運がよいことに、「日本歯科白色合金同盟會」の会員の中に「三金歯科金屬會社」があり、この会社が全国の歯科医に『三金ニュース』を配布していた。こういう実績があったので、「それではうちが発送業務をやりましょう」ということになり、切手代の心配はなくなった。そこまではよかったが、この経緯がどこをどう回って伝わったのか、定芳は同盟會から財政援助を受けてそのお先棒を担いだ、との誤解を受けてしまった。世の中には、暇に飽かせてあれこれ深読みする手合いもいることを考えもしなかったところが、いかにも定芳らしい。それに加えて、檄文の中で、金地金券で入手できる金の量を、一年で二匁なのに、一か月で二匁と書いた。単なる誤解を装って、定芳はにんまりした。

いずれにせよ、反響は大きかった。アンケートの類に回答を書くのは至って面倒なものだが、ひと月足らずで三、〇〇〇通以上の返事がきた。新歯科醫報のコラムには「ニッケル合金黨の眞摯の叫び、果然、臨床家の大半はニッケル合金黨！」という文字が躍った。九月二〇日までに集まった回答三、四一六通のうち、約三、〇〇〇通が無害派で、代用合金として使う意向を表明したのは約九五パーセントであった。定芳は「尊き價値ある同業各位の生きた實驗に依れば、ニッケル合金は大に使用すべしといふ結論である」と判断した。(注84)それと同時に、実際は金に越したことはないが、立場上ニッケル合金を使用するよりほかに道がない、という悲痛な告白を多数見て、定芳は何度も胸に迫るものを感じた。

なお、ニッケルクロームは、一九五二年、厚生省告示第一〇六號で一旦は使用が許可されたが、現在は認められていない。それどころかニッケルクロームは、環境ホルモンのひとつと取り沙汰され、口の中から姿を消しつつある。

この騒ぎのとばっちりは、思わぬところに及んだ。退蔵金発掘という国策をいち早く察知した東京日々新聞が、社の事業として協力を申し出た。紆余曲折はあったが、関西では同系列の大阪毎日新聞が加わり、金盃、腕環、指輪から金の茶釜まで、夥しい金細工が全国から集まった。それらの中に外れた金冠類があり、買い上げに際して、金冠の値段のからくりがはしなくも露呈してしまったのである。定芳は早速随筆『志ん橋宵夜物語』に「第三話　東日大毎金總動員《なんときんくわんのはづれることよ》（何と金冠の外れることよ）」という一文を書いた。

（略）金冠、ブリッヂの外れたやつがね。是が大變な數だ。毎日毎日幾百とある。少くも三個から五個、中には一人で十四個なんていふのがある。締切はいつだか知らないが、締切までには何萬といふ數になるね。あれだよ、嬉しいといふのは、如何に世人の澤山が口の中に金冠類を入れてゐる事か、それだけ齒醫者さん連が、今迄之に依つて何十萬、何百萬といふ金を儲けてゐたかの現實の證據だ。情けないのは、齒醫者によつて完全無缺のつもりで裝着された金冠類が、何と、さても其後、一年後か五年後なんだか知らないが、外づれて口の外へ落ちこぼれた數の多い事よだ。

　くすぐつたいのは、世間の人が此の古金冠古ブリッヂが、齒醫者にとられた十圓とか何十圓とか、其の儘の價値あるものだと信じて後世大切に秘藏してゐた事だ。

（中略）大藏省買上價格で、其の眞相を知る此時の、患者さん方の失望落膽と、齒醫者の暴利を呪咀する顏とを思い浮かべると、實際一寸穴あらば這入りたくなるのが、日本帝國に何萬人存在してるとは誠に皮肉なもんぢやね。

「何しろ金が高いんで」「金でやりませう」「金材料の値段だけですよ」等々、過去何十年患者欺瞞の齒科醫の常套手段の暴露される時代が、やつてきたんだよ。吾輩も齒醫者でないなら、誠に痛快痛快と嬉しがつてゐる所だが、自分の御藏に火がついてきたんぢや、こつちだつてまごつかざるをえないやね。

語を寄す天下の同業者諸君、（中略）こゝらで吾々も、金、金、材料材料、と品物の賣買業をやめやうぢやありませんか。

とにかく、金の延べ棒でも口の中に入れて貰っているつもりが、大蔵省で買い取って貰おうとしたら、愕然とするほど安いものだったことがばれてしまったのである。定芳は、外科医や洋服屋の例を引いて、「技術だ、技倆だ、技術料だ、吾々のみが爲し得る、齒科醫師ならでは出來ない、最高の醫科技術を尊重せよだ」「何も金代だ材料代だと自分から卑下する要がどこにあるかってんだ」「齒科醫業は材料賣買業ぢやない。技術賣買業なんだ」と発想の転換を促した。

金の調達は年を追って困難となり、一九四〇年九月には「一瓦三圓八〇錢」と比較的高価で金の強制買上げが始まった。定芳の予想したとおり、金の配給など雲散霧消してしまったのである。それどころか、金属の供出は寺の梵鐘にまでおよび、かつての東海道本線だった御殿場線のレールまで外されて単線になる始末だった。

(注80) 一九三八年七月四日、大蔵省理財局金融課長の迫水久常は、「道府縣齒科醫師會長協議會」の求めに応じ、一場の講演を試み、「歯科医療用の金の使用については、政府としては特に制限は加えないが、装飾用の前歯金冠などは以ての外。金の使用を節約しうる方策を何とか定めて頂きたい」と述べた。

なお迫水久常は二・二六事件で、首相秘書官として岳父岡田啓介の救出に活躍した。のち大蔵省に戻り、一九三七年五月から財務局金融課長、一九四四年には大蔵省銀行保険局長となり、敗戦時の鈴木貫太郎内閣では内閣書記官長に任じられた。敗戦の日、貴族院議員となったが、これはわずか二週間で終わった。GHQの指導による公職追放に引っかかったが、解除後の一九五二年衆議院議員として政界復帰を果たした。第一次池田勇人内閣で経済企画庁長官、第二次池田内閣では郵政大臣を歴任し、一九七七年七四歳で死去した。

（注81）健康保険にパラジウム合金を公認することについての当否を、『日本之齒界』主幹の今田見信は『中外齒科輯報』に私見という形で載せている。それによれば、日本の歯科用金属をパラジウム合金一色で充足させようとすれば、世界産額の大半を輸入する覚悟が必要で、戦争中の日本で、そんなことができようはずがないので、現在広く使用されているニッケルクローム合金をも認可させるべきである、というのが結論であった。

この指摘は現代にも通じることで、ロシアのパラジウム生産能力低下によってパラジウムの価格は暴騰し、歯科医院の経営を圧迫している。

（注82）歯科材料規格調査委員會の出した暫定規格に「但し、白金屬元素を二五パーセント以上含有するものは硫化ソーダ試験を適用せず」という除外規定があった。これが噂の火元となった。

（注83）定芳をして「兄弟以上の仲」と言わしめた林實との交流はほぼ五〇年に達する。若い頃、小笠原諸島を巡回診療などして開業資金を稼いだまではよかったが、根っからの発明狂で、初めはは薬剤、その内に金属にとりつかれ、当時困難だった卑金属の鑞接に「ミカドソルダー」を開発し､世の耳目を集めた。戦後手がけたのは黄金色合金で､その名を「プロゴールド」と言い、従来の製品（オルデンなど）よりも安定性にすぐれていたためか、東医歯大の総山孝雄が臨床実験をやっているのを見かけたことがある。商品化されて間もなくの一九六三年九月、林は七三歳で卒然とこの世を去った。それとともに「プロゴールド」も消えた。銅合金の生体への為害作用が言われたためと思われる。

（注84）ニッケルクローム合金の可否に関しては、学問的には意見が分かれた。困ったのは現場の歯科医師で、試験液の濃度より、口腔内の酸の濃度は低いし、銅や真鍮よりも溶け出す度合いが遙かに少ない、という理屈を付けて、ニッケルクローム合金を使い続けた。何しろ金の使用制限があり、安くて使用勝手のよい代用合金がほかになかったからである。

平和呆けした今の若い人達には想像もつかんぢゃろうが、戦前には役場の徴兵係からの葉書一枚で戦地に行かされたもんだ。当時葉書は一錢五厘だったから、人間の命も安かった。その戦地でも医者は軍医制度があったが、歯医者は低く見られて、よくて嘱託、下手をすれば一兵卒で、お前内地じゃ歯医者だったな、それじゃちょっと手伝え、と衛生兵に毛の生えたような役割に甘んずることが多かった。格差社会ですね、って？　そう、まさに格差ぢゃよ。だから吾輩は昔から歯科軍医の必要性を説いていたんぢゃ。

ところが、大陸での戦争が激しくなってきた頃、高歯の檜垣クンが歯医者の神経を逆なでするような発言をしたんだな。蜂の巣をつついたような騒ぎになるのは当然だ。高歯は島峰御大から檜垣クン、長尾クンと帝大出の医者だ。歯医者なんて虫けら同然と見下していたんだから、高橋クンや檜山クンら日歯出は苦労した。檜垣クンと長尾クンが、晩年そろって、私立歯科大の学長に納まったのは、皮肉と言えば皮肉ぢゃね。

## 歯科軍医問題

嘗て「齒科雜誌記者團」の会合で定芳が主張した「齒科軍醫」問題は、東京高等齒科醫學校から豫備軍醫少尉として南京に出向していた檜垣麟三の上申書提出で俄然急展開した。

一九三八年二月、大阪の森田商店（現・モリタ）が発行する『臨牀齒科』の主筆・奈良隆之助が南京に檜垣を訪れ、二時間に亘るインタビューを行った。檜垣は同年一月の『臨牀齒科』の巻頭に論文を寄せるなど、同誌とは浅からぬ関係があった。しかし、この奈良の帰国談が、歯科界を震撼させることになった。檜垣が、歯科軍醫に否定的な上申書を軍当局に提出する、と言ったことが公になったからである。

騒ぎに驚いた檜垣は、歯苑社の今田見信に私信を送り、上申書提出を否定した。しかし、『日本口腔衛生』五月号の〝戦地だより〟には当の檜垣が、「歯科醫を軍隊が如何に取り扱ふかに就いては醫務局並に軍醫學校へ意見書差出し置き候」と過去形で書いている。ただし、公式に証拠となる上申書を第三者が入手できるはずはなく、憶測でしかものがいえない雑誌協會の追求が迫力を欠くものとなってしまったのは致し方なかった。

こうなると、自由人・定芳の出番である。格好の酒の肴を手にした定芳の許には、飲むほどに酔うほどに、あるいは牌をかきまぜるごとに、いろいろな情報が集まってきた。まず、上申書の骨子は「歯科医は衛生兵より若干の衛生知識を持った位の代物に過ぎない。もし歯科医を採用するなら、単なる衛生部員として召集すべし」というものであった。また、「充填以外歯科医は戦地では何の役にも立たない」と言ったなどの尾ヒレが付いて伝わってきた。別の話として、醫務局のお偉方が「そんなに軍醫になりたいなら、改めて醫學校に入り直せばよいではないか」と言ったとか、言わなかったとか、噂は噂を呼んだ。翌年五月に臨時附屬醫専が官立醫大に併設され、歯科醫専卒業者が短期で医師資格が取れるように制度改正されたのを考え合わせると、単なる噂ではなかったのかも知れない。これだけでも聞き捨てならないところへ、追い打ちをかけるように、檜垣の同僚の長尾優が火に油を注ぐような発言をした。『日本歯科新聞』によれば、「若し歯科醫を軍醫に採用せんか、自然かれらを士官に仰いで敬禮しなければならぬから、醫師出身の軍醫にとっては如何にも屈辱に堪へない關係上、醫師側としては歯科軍醫制に賛成し得ないのである」と奈良を呼んで言ったらしい。さらに長尾が森田商店を呼びつけて「東京歯科雑誌協會が檜垣發言をじっくり検討するなどと決議するのは不都合だ。直ちに取り消せ」と高飛車に出た、と聞いたものだから、定芳の怒りが爆発した。

早速、随筆『志ん橋宵夜物語』のテーマに取り上げ、そのタイトル「歯科軍醫上申書」に「ひがきりんざうぶれいせんばん（檜垣麟三無禮千萬）」とルビを振った内容は、当時唯一の官立歯科医学校であった東京高等歯科醫學校を激しく攻撃するもので、「一小役人檜垣某の考へが上申書になったんぢゃなくて、お茶の水、高等歯科醫學校、文部省直屬といふ官僚の屬僚共の日頃の官僚イズムが上申書といふ紙きれに具體化したに過ぎん」とか、「何のために醫者上りで歯醫者となっとる鵺的存在が必要なんぢゃ」とか、あるいは「民間に發達した日本歯科醫學だから、非官僚の手で完成した日本歯科醫師だから、彼等は癪にも障るし嫉妬心も起るんだ。

唾棄すべき官僚根性だよ」などと気焔を上げ、自らの言葉に酔った。

ただ、わが定芳は喚くだけではなく、この「軍醫問題」の実態について冷静に分析もしている。歯科界にとっては歯科医師の地位向上ということで大問題ではあったが、歯科医個人となると話は別で、「現に開業してゐる人々で、新制度で齒科軍醫が出來たとして、その開業を廢止してまで、之を志願しやうといふのは何千人中の何人もあるまい」、「齒科軍醫が制定されやうがしまいが、自己の今日の安逸には何等の變化もないから、御先に立って獻身努力はなかなか出來ない」、「齒科軍醫は必要ではある。目下の急務だ。然し自分の身にふりかかる問題ぢゃない。その内に誰かが騒いで、よろしくやっておいてくれるだらうよ」と、二か月後の『志ん橋宵夜物語』には少し冷えた頭で書いている。

当局も折にふれて現場の意見を聞いていたようである。日赤の初代歯科部長を務めた三内多喜治は、軍醫學校口腔外科を代表して、「齒科軍醫設置請願ニ關スル意見」を提出した。三内は二つの案を出した。ひとつは齒科軍醫を採用した場合の養成具体策[注85]で、他は現制度を維持しつつ定員を増やして歯科診療を充実させる方策[注86]であった。三内は、帝大に派遣された際、先輩に当たる石原久の薫陶を受けたことがあり、後者を強く推した。もともと帝大はドイツ医学を採用し、医者がさらに歯科学を習得して歯科診療に当たる、という姿勢だったからである。

いずれにせよ、「齒科軍醫」問題は長いこと歯科界の懸案であった[注87]。歯科医師出身の杉山元治郎代議士などを介して、折にふれ議会への働きかけも行ってきた。これに対して陸海軍当局は、判で押したように、「軍は歯科治療の必要を認め目下嘱託医制度を採用してゐる。専門の『齒科軍醫』制を取るや否やに就いては今後大いに研究考慮する」としか返事をしなかった。血脇守之助の懐刀だった工藤鐵男や定芳の赤坂梁山泊に蟠踞したことのある山田順策などの代議士が陸軍大臣や医務局長を訪ねていろいろと陳情しても一向に埒があかな

かった。（注88）

しかし事態は一年後に好転する。一九四〇年三月三〇日、勅令第二一三號で陸軍武官等表が改正され、最高位を少將とする歯科軍醫將校が誕生したのである。（注89）九月二日に『中外歯科輯報』主催で行われた記念講演には、梶浦軍醫少佐とともに、問題の檜垣麟三も招かれて演説したとの記録があるが、その内容は不明である。一方の海軍では、この時点ではまだ囑託にとどまり、海軍武官官偕が改正されて「海軍歯科醫科」が加えられるのには一九四一年五月二八日まで待たなければならなかった（六月一日施行）。

いわゆる歯科軍醫の任用に当たっては、歯科醫専在学中の学生から、「陸軍貸與學生」と「海軍貸費學生」を募ることが正道となり、ほかに嘱託から転身する道も開かれた。したがって、定芳が考えていたような開業医を徴用することはなかった。

（注85）歯科醫専卒業者から採用し、軍隊教育および部隊付勤務二か月の後、乙種學生として軍醫學校で一年の教育を課す、というもので、修了後は醫官および薬劑官と同じく少尉に任官する。
（注86）軍醫乙種學生に三か月の歯科教育を施して歯科治療もできるようにする、というものである。その教育には、軍醫學校のみならず、赤十字病院、帝大醫學部歯科、東京高等歯科醫學校にも依託する。エリートである甲種學生には軍醫學校口腔外科で一年間の教育を施す計画であった。この考え方の根柢には、「軍醫は一般に歯科醫よりも素質優秀にして基礎醫學を修め外科總論の知識を有するを以て、歯科治療學及び歯科外科學の理解速やかなり」という牢固として抜きがたい偏見があった。
（注87）高山歯科醫學院で教鞭を執っていた青山松次郎は、一八九五年に、石黒陸軍軍醫総監に「歯科軍醫」制の創設を要

請している。この松山は、日露戦争時、願い出て海軍嘱託歯科医として従軍し、齒科學報に航海日記を寄せた。その後長い間、医科と薬科には将校がいたが、歯科は無視され、内部発令の奏任官ではあったが、年金もつかず、叙位叙勲の対象にもならない不安定な境遇だった。

（注88）杉山は、一九三九年一月、『新齒科醫報』第二六〇號の年頭雜感で、醫務局の一部の人に「齒科軍醫制度を採用すると、從來の軍醫の繩張りが犯され、或は軍醫の品位を下げる」「其程軍醫になりたければ普通の醫學校を卒業すれば良いではないか」「諸外國で皆な齒科軍醫制度を採用してゐると云うが、此處は日本であって、外國の眞似をする必要はない」などと官職を笠に着て放言する輩がいる、と述べている。

（注89）医科では最高位は「中將」で、ここでも格差は厳然と存在した。ちなみに三内多喜治は少將に昇進したところで予備役となり、歯科軍醫が実現したときには退役していた。

# 第十一章

## 師・泉鏡花の死

一九三八年一一月頃から体調が優れなかった鏡花は、翌年七月下旬から腰痛に悩まされ、一九一〇年以来定住の麹町六番町五の一番地の住居で寝たきりになってしまった。初めは座骨神経痛と思われたが、九月に入って主治医の三角和正博士は帝大の稲田龍吉博士と併診し、肺ガンであることを確認した。腰痛は骨盤転移であろう。しかし、当時の通例として、鏡花本人には告知しなかった。急を聞いて駆けつける見舞客の多さに目を丸くしていた鏡花は、九月七日午後、卒然としてこの世を去った。享年六七歳。戒名「幽玄院鏡花日彩居士」は佐藤春夫が撰した。鏡花の〝二番弟子〟・定芳は詰めきりでその最期を見守った。

その日、久保田万太郎は「番町の銀杏の殘暑わすれめや」と詠み、通夜には「露の夜の空のしらみて來りけり」と吐いた。

鏡花は、一八七三年一一月、彫金工の長男として金沢で生まれた。金澤専門學校（のちの旧制四高）の受験に失敗し、翌一八九〇年上京。極貧のなか、転居すること十数回、と自ら書いている。一年後、尾崎紅葉の門を叩き、玄関番として住み込んだ。処女作は『京都日出新聞』に連載した『冠彌左衛門』であったが、評判悪く、紅葉の信用がなければ連載中止になるところだった。筆名は畠芋之助、白水樓、狐狗狸庵、兼六園主人、なにがし、など。一八九五年に発表した『外科室』と『夜行巡査』で文壇に地歩を築いた。『照葉狂言』、『通夜物語』などを発表して順調に評価を高めて行ったが、一八九九年硯友社の新年宴会で神楽坂の芸者・桃太郎(伊藤すず)と割りない仲になった。ところがこれが紅葉の知るところとなり、こっぴどく叱られて直ちに別れるよう厳命されてしまった。鏡花は一応別れたことにして表面を糊塗した。

鏡花は、定芳が弟子入りした翌年の夏、胃腸を病んでいた鏡花を気遣った自称弟子たちの発意で、逗子桜山街道に一軒の家を借り、逗留した。鏡花の許へは週に二日位すずが訪れて身の回りの世話をした。そこへ突然紅葉が現れ、定芳ら弟子たちがすずを隣の百姓家に隠すのに大童、というひと幕もあった。クライマックスは一九〇三年四月で、とうとうこの同棲は紅葉にばれてしまった。何せ紅葉の住居からは目と鼻の先の神楽坂にわざわざ引っ越してきたのだから、ばれない筈がなかった。一夜、病をおして紅葉が乗り込んだが、素早く裏口からすずを逃した鏡花にのらりくらりとかわされた。怒りが納まらない紅葉は深夜、鏡花兄弟[注90]を枕頭に呼んで「折檻」した、と紅葉の日記にある。これには続きがあって、翌々日、紅葉はとうとう鏡花の家ですずを見つけ、「金一〇圓」を渡して追い出してしまった。いくら米一升一九錢の時代とはいえ、手切れ金にしては天下の紅葉もけちったものである。

なぜ紅葉にここまで気兼ねしなければならなかったのか、理解に苦しむところであるが、師匠の添削を受けている半人前が、という感覚が紅葉にはあり、鏡花にも引け目があったのであろう。事実、雑誌に発表した『月下園』を紅葉・小栗風葉との合著『あだ浪』に収録するとき、紅葉が添削した跡がある。

鏡花もしたたかで、紅葉が胃ガンで伏せることが多くなった頃から再びすずと同棲し、紅葉の死後、晴れて〝泉すず〟を名乗らせた[注91]。その経緯は名作『婦系図』に活写されている。

（寺木正方氏提供）

**図 56**　鏡花縁りの湯島公園に建てられた「筆塚」。後列左から四番目が定芳

鏡花の死に際しての定芳の活躍はめざましく、用意してなかった墓所の世話までした。その墓は雑司ヶ谷墓地の一隅にあり、三坪の敷地に建つ墓標には笹川臨風の闊達な「鏡花泉鏡太郎墓」の文字が踊る。ここに四九日に当たる一〇月二五日、鏡花の遺骨は埋葬された。大阪から駆けつけた谷崎らの後ろに立って、定芳は大いなる満足感に浸った。

さらに定芳は、鏡花を記念して、『婦系図』ゆかりの湯島公園に筆塚を立てようとの企画に参画し、公園課長との交渉を引き受けた。「この公園は都市計画でいつなくなるか分からない。向島の百花園のほうが安全でしょう」と難色を示すのを押し切って、没後二年で建立にこぎ着けた（図56）。

話は前後するが、鏡花は逗子で保養中、すずを連れてしげしげと岩殿寺に杖を引いた。海雲山岩殿寺は板東三三か所観音霊場の第二番札所で、一一面観音を本尊とする曹洞宗の寺院である。洞

**図 57**　逗子・岩殿寺にある「鏡花の池」

**図 58**　鏡花の句碑。左隅に定芳の名がある

外正教住職との交流から観音信仰を深め、心身の不調を克服できた鏡花は、病身には応えたであろう急な石段を登ったところにある観音堂の右隅に、小さな池を寄進した。現在の住職の話では今作ったら軽く一、〇〇〇万円は越えるであろうその池は、「鏡花の池」と命名され、碑の裏面には昭和七年に文豪泉鏡花が寄進した、と刻まれている（**図57**）。さらに鏡花は岩殿寺を舞台にして、『春晝』という一編の小説を書いている。この縁にすがって、鏡花の心酔者のひとりである渡邊義重教授はなんとかして鏡花の句碑を建てたい、と願ったが生前は叶わなかった。その遺志を継いだハルイ未亡人は、一九六二年一〇月に、山門のすぐ左側に、横長の句碑を建てることに成功した（**図58**）。「普門品ひねもす雨の桜かな　鏡花」と刻まれた左隅に、建立協力者として、鏑木清方、久保田万太郎、里見弴、戸板康二、泉名月らと並んで、寺木定芳の名前も見られる。この句碑の除幕式は翌年の五月五日に行われたが、そのとき、「鏡花先生を偲んで」という対談が試みられた。戸板康二が司会をつとめ、里見弴と定芳が思い出話を披露した。そのときの写真を見ると、床の間を背に里見弴、左手に定芳、右手に戸板康二、縁側に近いところに洞外住職が座り、周囲を関係者が取り巻いている。

文士ではない定芳は、鏡花を取り巻く阿部、小村、久保田、佐藤、里見らを前に出し、自らは黒子に徹した。それが里見をして「寺木君と、ほんたうに心置きない友達となれたのは、實に、泉先生御逝去の日からだつた。（中略）自分は『永年當家出入りの者』といつた安手な格で、雑用雑務に東奔西走して…。（中略）爾來今日唯今に至るまで、泉家に關する一切合切とりしきって、未亡人への献身は、もはや世話好きの性分とか、まして勤氣、報恩の念とかそんな言葉で簡單に片づけられる心情ではない」と言わしめたのである。

（寺木正方氏提供）

**図 59**　鏡花全集の出版に携わった人々。鏡花未亡人を中心に，里見弴，谷崎潤一郎，久保田万太郎，佐藤春夫，小村雪岱らに交じって後列真ん中に定芳が首をちょっと傾げている

　鏡花の死の翌年四月、岩波書店から『鏡花全集』二八巻が刊行された。鏡花夫妻から「坊や」と呼ばれて可愛がられた定芳は、前にもふれたように、「一門下生」として月報に師匠の事績を事細かく記すなど、終始重要な役割を果たした。企画が進行し始めた頃の写真（**図59**）には、すず未亡人の後ろで、佐藤春夫の右隣に定芳がちょっと首を傾げて写っている。

　なお、定芳の一人置いて右隣は、鏑木清方のあと、一九一四年の『日本橋』から挿絵を担当した小村雪岱で、美人画風の繊細な絵をよくしたので、耽美派の鏡花とはよく合った。鏡花とは、結婚の世話をされたり、「雪岱」という号をつけてもらったり、と親密な関係だった。それであの世から鏡花に呼ばれたのか、翌年一〇月に脳溢血でこの世を去った。終の棲家となった麹町平河町の家が空いたところに定芳が移り住んだ時期がある。以前は佐々木茂策が住んでいたこともあり、気に入っていたのである。しかし、空襲が激しくなり、定芳はやむなく逗子に舞い戻った。この後の定芳の転居はめまぐるしく、その都度貞夫人は振り回された。

（注90）鏡花の弟・豊春も兄を頼って上京し、文学修行に勤しんだが、大成はしなかった。筆名・斜汀は鏡花の舎弟であることのもじりである。

（注91）鏡花の幼友達の吉田賢龍が落籍の金を工面してくれたので、神楽坂に住み始めた一九〇三年三月には芸者・桃太郎は花柳界から足を洗っていた。『婦系図』の名台詞「別れろ切れろは芸者のうち…」はこの経緯を背景にしている。

## 歯科商業雑誌の統合

定芳は笑った。心の底から笑った。笑いすぎて涙が出た。一九四〇年七月、時の内閣総理大臣・近衛文麿が「基本国策要綱」を策定し、八紘一宇の精神のもと、「大東亜共栄圏」を打ち立てる、と発表したからである。金欠病の日本がアジアの盟主とは、と思ったからである。ところが、涙をぬぐって辺りを見回すと、誰も笑っていない。夫人からは「そんなこと、間違ってもほかへ行ってしゃべらないで下さい」と釘を刺され、憮然として笑いを引っ込めた。

それからひと月後、今度は定芳は怒っていた。当時、日常生活のあらゆる面で絶対の権限を擁していた警視廳が、出版の制限に着手したからである。歯科関係の商業雑誌は二つの系列に統合を命じられ、これに従わな

図60　『日本歯科評論』創刊号

図61　『旬刊歯科公報』創刊号

ければ用紙を手当てしない、という強硬なものだった。各誌は一九四〇年八月号で終刊を余儀なくされ、統合されて一九四〇年一〇月に創刊されたのは『日本歯科評論』(図60)と『旬刊歯科公報』(図61)の二誌であった。前者は高津弌の『日本口腔衛生』、松田英雄の『新歯科醫報』、それに日歯醫専の『口』と『歯科毎月通信』が統合されたもので、お上の指導とはいえ、喧嘩別れした松田と中原の雑誌が呉越同舟とは皮肉なものであった。発行人に高津弌がすわり、編輯人は松田英雄で、編輯顧問に寺木定芳と中川大介が鎮座ましました。一方後者は、今田見信の『日本之歯界』と松尾保の『中外歯科輯報』、中安順次郎の『歯科時報』、中野愛美津の『廣告之歯界』、それに日歯醫専の『日歯』の連合体であった。発行人は中安順次郎、編輯人は松尾保、代表者は今田見信で、中野は都合で退社した。関西でも情況は同じで、赤尾酔仙の『日本歯科雑誌』と奈良隆之助の『臨牀歯科』にまとめられた。『旬刊歯科公報』は一九四四年七月、『臨牀歯科』と合併させられ、『日本歯科公報』となった。

　怒り心頭に発した定芳は、日本歯科評論創刊号に編輯顧問の特権で「東西南北皆春風」という随筆を書いた。以下はその抜粋である。

今度帝都に起つた二種の雑誌だけの存在許容事件は、是を儼然たる戰時統制下の一事件と曰はんよりも、寧ろ新體制の文化政策の一表現と頂きたい。（中略）

是等歯科雑誌中、雑誌らしい雑誌は大概東京で発行されてゐる。（それらの）どれも是もが一齊に警視廳に呼び出されて、イエスもノーもない、揃って八月一杯で廢刊届に判を押すべき運命に到達したんだから、時勢といふ奴位、豪勢なものはあつたもんぢやない、（中略）今日の筆の力の果敢なさを見たら、溜息や仰天なぞでは間に合はない次第だ。（以下略）

物言えば唇が寒くなる言論統制の時代、定芳も度胸があったものである。こんな皮肉を連発するものだから、夫人の心痛は絶えなかった。ところが定芳の毒舌はこれにとどまらない。「新體制の下に何十年の習性を一度に一夜に之を打破しやうとしても出來ないのは當然だ」、「手の裏をかへす如く、一朝にして黒から白とは中々變れるものでもあるまい」と政府が進める「新體制」を皮肉った。

合併を免れていた各学会誌や各学校が発行する学術誌も、一九四四年に入って統合を命じられ、七月一日付で『歯科學雑誌』に衣替えした。この雑誌は一九五三年五月、世情の好転をもって、その使命を終えた。通巻六〇号であった。

商業誌は二誌に統合されたものの、用紙の入手はますます困難となり、全八頁で表紙なしなど、とても雑誌の体をなさないやせ細り方となった。一九四五年に入ると、三月の東京大空襲もあって、ついに休刊を余儀なくされた。そして八月一五日、日本は敗れた。定芳の毒舌も発表する場がなければそれまでであった。

## 藤代眞次の帰国

時計の針を戻して、藤代眞次の帰国についてふれる。日本矯正齒科學會発足のきっかけを作った藤代眞次は、当初、帰国の意志はなかった。歯科矯正医として名声を恣《ほしいまま》にしていた藤代には、止《とど》まって治療を続けて欲しい、という周囲の懇願も絶えなかったからである。暫くの間、敵性外国人としては珍しく、行動が自由だったが、四三年春には遂に東ボストン移民局に抑留され、エリス島連邦移民収容所、ミズーラ収容所と盥回《たらいまわ》しにされた。すでに五〇歳になる藤代には応えたらしく、帰国拒否の態度を翻し、外務省の若杉要元駐米大使に帰国を望む旨の電報を打った。これが功を奏して、めでたく帰国となったのである。しかも米国内で評価の高かった藤代は、一九四三年九月、第二次日米交換船(注92)で故国の土を踏んだ。夫人と子供二人を第一次で帰国させた藤代は、アメリカ政府からも特別扱いされ、持ち出し外貨も一万ドルと突出していた(注93)。ニューヨークを出港してから六日目の九月八日、イタリアが連合国に無条件降伏したニュースが伝わった。乗船者の動揺を抑え、戦意の高揚を図ろうとしたのか、船内では宮城遙拝や「海ゆかば」の斉唱が強要された。リベラルな藤代にはかなりな重圧だったことであろう。無事交換が終わって日本に向かう帝亞丸には、マニラから多数の憲兵が乗り込んできて、帰還者達から情報収集を行い、また思想傾向も調査した。その結果、せっかく横浜に上陸したのに、思想改造のため、錬成所に入れられた者もいた。

藤代は『旬刊齒科公報』主催の座談会や『日本齒科評論』の鼎談で、アメリカの歯科事情などについて語っているが、奥歯に物が挟まった感じはぬぐえない。正直に話すと、日米間の国力の格差がはっきりしてしまうので、官憲から差し止められたようである。帰国拒否組であったことはひた隠しにしたが、（戻ってくるまで）オフィスをロジャースに預かってもらったことや、金《きん》の使用に一切制約がないことなど、あっけらかんとしゃべっている。食べ物なども従来通りで、先ず不自由しなかったとか、物資が豊富なせいか国民はのんびり構えている、などの発言はよくぞ検閲を通ったものである。

帰国後は千駄ヶ谷に居を構え、留学当初世話になったことがある山本啓次郎が銀座四丁目の教文館ビルで開業していたので、その軒先を借りて矯正歯科を開業したことが二月一四日の朝日新聞で伝えられた。しかし世の中は矯正治療どころではなく、そのうえ戦局も悪化して、やむなく軽井沢へ疎開した。ところがその軽井沢においても、帰国に際してのアメリカ政府の厚遇や近隣に軟禁されていた外国人との交流、日本の戦時体制への批判ともとられる言動が仇となって、官憲の執拗な弾圧があり、ノイローゼになったと伝えられる。その後についての記録はない。母親似の娘さんは戦後米国人と結婚して渡米した、と哲学者の鶴見俊輔は語っている。

かつて藤代の講演会開催準備に奔走した定芳であったが、とっくの昔に矯正臨床から離れ、話の接点もなかったので、二人が相まみえることは終になかった。会っていれば、日本がアメリカに勝てるわけがない、と意気投合したところに憲兵や特高が踏み込んでお縄を頂戴、ということになりかねない二人なので、これでよかったのかも知れない。事実、いつ捕まっても対応できるように、貞夫人は常に保釈金を用意していたというから、わが定芳の神経の太さは藤代とは桁違いだったのであろう。

（注92）太平洋戦争が始まり、相手国に滞在する自国民を取り戻すために、〝交換船〟が考えられた。日米間では二度、日英間では一度だけ、帰還が実現した。

第一次交換は中立国ポルトガル領ロレンソ・マルケス(現・モザンビークの首都マプト)で行われた。ここへ向かって、第一次交換船として、横浜からは淺間丸、上海からはイタリア船籍のコンテ・ヴェルデ号が出航した。一方、ニューヨークからはスウェーデン船籍のグリップスホルム号が出航した。都留重人(後の一橋大学教授)や、定芳が歯科医学を学んだボルチモア近郊の収容所に入れられていた鶴見俊輔(後の哲学者)などが乗船した。心理学者の南博、評論家の石垣綾子、画家の国吉康雄、左翼活動家の大山郁夫などは乗船を拒否した。

交換日は一九四二年七月二三日で、それぞれ乗客を入れ替えて引き返した。この間海上攻撃は行わないことがお互いの了解事項であった。なお、日米に先立って、米・独伊交換船も航行した。

第二次交換は、当初の予定より大幅に遅れて、一九四三年一〇月一九日、インド中西部のポルトガル領ゴアで行われた。日本からは帝亜丸、アメリカからは前回と同じくグリップスホルム号が出航した。帝亜丸はもともとフランスの客船アラミス号で、サイゴン(現・ホーチミン)で徴用されたものである。

(注93)帰国後の座談会など、公の席では、ほかと同じく、三〇〇ドルだけで、荷物も持ち出せなかった、と強調している。

日本がアメリカに占領されていたのは、サンフランシスコ講和条約が調印されるまでの六年間ぢゃ。昭和二五年に朝鮮動乱が勃発して、わが国は奇跡的な復興を遂げた。ウン、日本列島がアメリカ軍の補給基地になったんぢゃから、作ったものは何でも売れた。マッカーサーは神様並で堀端天皇などと呼ばれ、属僚は勝手気侭、我々日本人は惨めなもんぢゃった。それもこれもアメリカの国力を理解できない政治家や軍人共が無茶な喧嘩を吹っかけるからだ。アメリカを直に見た人間なら、こっちから手を出したりせんよ。日清日露で運よく勝ったのをよいことに、軍部は奢る、政治家は世界が見えない。ノモンハン事件って知ってるかね？　やっぱり知らないか。昭和一四年に満州とソ連の国境付近で起きた紛争ぢゃよ。僅か四か月で収まったが、關東軍の兵士一五、〇〇〇人の半分以上が失われるという、惨めな結果だった。それを關東軍は全く反省しなかった。え？　關東軍、關東軍って、それ何ですぅ？　ま、これを説明してると長くなるから、あんた自分で調べて御覧。唯一の教訓は飛行機で、あとで零戦や紫電改に生かされたね。え？　それも知らない？　こりゃ重症だわい。

ま、とにかく戦争には負けた。特高も憲兵もいなくなった。間近に見るアメリカ人の頭には、もちろん角なんか生えちゃいない。こうなると、我々日本人は気持の切り替えが早い。昨日の敵は今日の友だ。お堀端の第一生命ビルは戦前の建物としては珍しく快適な居住空間をもった建物ぢゃったから、ここに陣取ったマッカーサーが天皇を招いて懇談し、記念写真を撮った。モーニング姿で直立不動の天皇の右隣に略軍装で雲付く大男の占領軍総司令官が腰に手を当てて立っている写真が流出して、いやでも日本が負けたことを認識させられた。飢じさに耐える日本人にララ物資を放出したり、ソ連の北海道占領を阻止したりで民心を慰撫する一方、戦争犯罪を断罪したり、公職から追放するなど、典型的なアメとムチの使い分けぢゃった。そんな中から着実に立ち直っていったんだから、わが国民も大いに評価されて然るべきぢゃろう。

## 前歯金属冠問題

日本が戦争に敗れ、印刷用紙の統制がなくなると、質は悪いがヤミの紙がゾロゾロ湧いて出てきた。歯科関係の商業誌もこの恩恵に浴し、敗戦から半年足らずの一九四六年一月には『日本歯科公報』が衣替えした『歯界展望』が発刊され、二月には『日本歯科評論』が復刊された。

戦時中、心ならずも国策に沿うような随筆「村人は呟く」を書いていた定芳は、高津の依頼で、水を得た魚の如く、辛辣な筆を振るい始めた。はじめの三回はアメリカ軍占領の時代を反映したような「ハロー・グード・バイ」、それに続いて「村人はスラングする」で、採り上げたのは歯科事情の日米格差や大学昇格騒動の一席。

頓首再拝、畏敬するアメリカの齒科の御齒醫者様が、日本の齒醫者共が智齒の根管治療をしてゐるのを見て世界の水準より五十年後れてゐると言つたとか、日本人の前齒にピカピカと光るサンプラ冠を見て、吁、日本の齒科醫學は入齒屋時代より一歩も進んでゐないと言つたとか、で、敗戰日本のオッチヨコ齒科人民共が急に騷ぎだし、それが一元論を實行しない所爲だとか、ぢやあ、齒科醫專を急に大學制度にすれば、日本齒科醫學は卽座に旭日昇天、世界一の齒科國を現出するぞといふので、(中略) お茶の水官立 (註、東京高齒) が齒科大學昇格を天下に發表に及ぶと、吾もわれもと之に續いて、水道橋 (註、東齒) の若い連中が六百萬圓の基金を萬燈に、ワツシヨワツシヨと昇格祭を始める、すると焼けて校舎もない東洋女齒醫專學校までが、近く大學昇格計畫中と卒業生にパンフレットを配る。その内に富士見町 (註、日齒) も駿河臺 (註、日大齒) も、大阪も福岡もドレもコレも一齊に大學さわぎを始めん事は、ヤンキー流に表現すれば、アイ、ベツト、ユウ六百萬圓。(以下略)

持って生まれた社交性もあって、敗戦後、定芳の家にはアメリカ軍人が入り浸った。そんな雰囲気のせいか、長女も次女もアメリカ人と結婚した (図62)。その縁で得られる情報を含め、地獄耳の定芳にもたらされたGHQ情報は多々あったが、厚生福祉部歯科科長のリジレー中佐の言動は特に気になるものであった。ものの本でしか見られない低級な歯科医療の現物が日本に存在した、とか、倫理綱領も持たない歯科医療団体など聞いたことがない、とか言い放題だったのである。だが定芳にも言い分はある。「ニッケルが燦然と前歯に輝くのも、歯科醫術が劣等であるやに見えるのも、要はマテリアルの問題」、「(歯科医学教育を六年制にしたって) 決して實際齒科技術は向上するもんぢゃない。向上するのは學費をだす親爺さんの出費ばかり」と辛辣だった。

しかし、定芳がぼやいている間にも事態は深刻になる。リジレーは、日本占領から一年足らずの七月二五日、

（寺木正方氏提供）

**図62**　定芳の許へはアメリカ軍人が出入りしていた

神田區役所で開かれた日本および東京都歯科醫師會共催の講演会で、日本の歯科界の現状を痛烈に批判した。曰く、いかがわしい歯科医まで歯科醫師會に強制加入させる制度は歯科医の名誉を無視している。曰く、その歯科醫師會で三年もの長きに亘って教授を役員に据えるのはナンセンスである。曰く、歯科衛生の仕事に携わるものはすべて、技術に優れていることはもちろんであるが、道徳的な要素も併せて必要である。曰く、歯科医学は日進月歩であるから、開業後も常に研究意欲をもたねばならぬ。曰く、患者の歯科衛生思想を引き上げるために不断の努力をせねばならない。曰く、サンプラのバケツをかぶせることやレントゲンを軽視する姿勢は改めなければならない…云々。

これらは支配者GHQによる一種の施政方針演説である。その影響は即座に現れ、戦後体制を取ったばかりの旧歯科醫師會はあえなく解散させられ、任意加入の団体として再編された。暫く後になるが、日本歯科醫師會の倫理綱領が制定された。しかし、これに目を通した歯科医師が果たして何人いたか。形而上学の教育のため、従来の「専門學校」は廃され、大学昇格か、条件を満たさなければ、廃校か、の二者選択を迫られた。しかし昇格の条件は厳しく、女子歯科醫専二校があえなくつぶされたのは前述の通りである。

歯科医師会長の入交直重（図63）は前歯サンプラ冠の指摘を恥じ、その撲滅に力を傾注した。しかし、装飾的に金冠をかぶせて欲しいと希望する患者の啓蒙はかなり困難で、断ってほかに患者を取られるよりは、という経営上の理由もからんで、直ちに根絶とはいかなかった。それから六十有余年、いまだに前歯金冠を見かける地域もある。その一方で少しでも歯を白くしたい、という患者側の希望で、ホワイトニングが普及し始めた。定芳が生きていたら、この事態を眺めて何と曰《のたま》うか。

## 日本麻雀連盟の復活

定芳らが設立した日本麻雀連盟は、戦雲黒く立ちこめるなか、とうとう活動を停止した。いつ空襲警報が発令されるか分からない日々が続いて集まろうにも集まれなかったからである。止《とど》めは一九四五年三月九日の夜中から一〇日にかけての東京大空襲で、木と土で作られた日本家屋はアメリカ軍の焼夷弾で焼き尽くされ、首都機能は完全に麻痺した。

銀座に野菜畑までできた敗戦の混乱を脱すると、三度の飯を二度にしても、とウズウズしていた雀キチ連がそろりと動き出した。敗戦後二年足らずの一九四七年七月、三原橋の清雀クラブで復活の打合せ会を開き、それまでの経歴から定芳が理事長に推された。総裁制が復活するのは三年後の久米正雄からだったので、この時点では定芳が事実上の連盟トップになった。

その日の糧に右往左往する世情の中、ようやく開催された第一回麻雀大会には、それでも一六人が集まった。場所は、麻雀牌製

（寺木正方氏提供）

**図63**　入交直重（右端）や高津弌らと。昭和30年代には定芳は好んで蝶ネクタイをしていた

（寺木正方氏提供）

**図64**　戦後復活した麻雀連盟の面々（日本橋蛎殻町の事務室で。中央が定芳）

造業・上海公司社長の斎藤茂勇が属する日本橋蛎殻町の町会事務所の一室であった（図64）。ここがそのまま連盟事務所になった。

初代と六代の副総裁、四代と八代の理事長を務めた定芳が総裁になったのは七五歳という高齢のときで、それから死ぬまでの六年間その職にあった。

日本史の教科書にはまず出てこないが、〝徳川天一坊〟という事件があった。将軍の御落胤と称する若造が出てきて、親子の対面寸前に嘘がばれた、というスケールの大きい事件で、講釈師の格好の題材となった。ただこれにも、将軍家の体面を慮《おもんぱか》った筋が真実を闇に葬り去った、という揣摩憶測が残った。時代が下がって昭和の御代には〝熊澤天皇〟という変な男が出てきた。南朝の末裔というんだが、古い話なので黒白がつけがたく、その頃あった不敬罪にも問われなかった代わりに、認知もされなかった。この類《たぐい》の真贋鑑定をマサカ吾輩がやらされるとは、お釈迦様でも御存知なかったことぢゃろう。

## 鏡花未刊行原稿の鑑定

ここに『新泉奇談』という四六判布装の本がある（図65）。ダメモトで京都の古書店に問い合わせたところ、現物がある、というので取り寄せたものである。著者は泉鏡花、奥付に「昭和三十年十二月二十日發行、千部限定版、定價五百五拾圓」とあるから、発行元の角川書店でもあまり売れないと判断したものであろう。

（ⓒ角川書店）
**図65**　定芳が真偽を鑑定した「新泉奇談」

事の起こりは、関西のさる新聞社に泉鏡花の未発表原稿の売り込みがあって、その真贋の判定を定芳が依頼されたことである。久保田万太郎の紹介で現れた担当者は、原稿の冒頭三頁ばかりの写真版を持ってきた。突然のことで面食らったが、定芳の見るところ、字体はもちろん、鏡花独特の墨黒々と書き直し書きつぶした書き方など、まぎれもなく本物であった。念のため鏡花未亡人に見て貰っても、見立ては同じだった。その一年あまり後、今度は小島政二郎の紹介で、京都の和敬書店店主の鬮逸雄が、このたび鏡花の『新泉奇談』を入手したので出版したいのだが、と相談に来た。定芳は、この時初めて原稿の現物を見たわけである。本物に間違いない、と定芳は確信したが、念のためにそのコピーを送って貰った。これを里見弴、久保田万太郎、三宅正太郎、それと鏡花作品の挿絵を担当した鏑木清方に回覧した。さらに鏡花未亡人に感想を求めた。衆目の一致するところ、筆致その他に多少の疑問は残るが、まずは本物と見られる、ということだった。二八〇枚におよぶ原稿とは別に、明治三五年六月二六日牛込局消印の菊池幽芳宛書状があった。菊池は大阪毎日新聞の社員で、鏡花は『新泉奇談』の二〇回分を送って、掲載の可否を打診している。あの気位の高い鏡花が、と首を傾げたくなるほど辞を低うして、掲載と稿料の前借を懇請しているのを疑問に思った定芳が、すず未亡人に尋ねたところ、「若い頃、お金に困って大阪の菊池さんのところへ送ったのが流れ出たものではないでしょうか」という返事だった。この書状と『新泉奇談』の出所は菊池幽芳であろうが、原稿をすべて手元に回収した鏡花が、この小説だけ原稿を回収しなかったのは不思議である。(注94)うがった見方をすれば、鏡花ファンの好事家が、筐底深く納める目的で、高額で買い取ったとも考えられる。

一応のお墨付きを得た『新泉奇談』は、印刷段階にはいった。「昭和二十三年十一月十二日・極東軍事裁判の判決くだる日」という日付の里見弴の長大な解説もつけられ、ゲラの段階までは行ったが、いっかな上梓されない。その後の経過を村松定孝は「『新泉奇談』に關するノート」に、次のように書いている。

（前略）昭和二十八年の七月、河出書房の『現代文豪名作全集』第十五回配本の『泉鏡花』篇に入れる作品の選定と巻尾に付ける解説の執筆を同書肆の坂本氏から依頼され、（中略）解説で同作に就て兎も角も觸れておきたい、（中略）鏡花没後、その作品の出版に關して一さいの世話を泉家のために盡してゐる寺木ドクトルを新橋の診療所にお訪ねし、「『新泉奇談』はその後どうなつてをりませうか」と訊ねてみた。

（中略）「出版屋の都合で、校正刷まで出て、そのまゝなんですよ。（中略、その校正刷を）早速とりよせて御覧に入れませう」との何時もながらの親切なお言葉で、（中略）該校正刷（新泉奇談の全文）に目を通すことが出來た。

結局河出版鏡花全集の解説には、「原稿は關西方面で昭和二十一年頃發見され、それが果して鏡花の眞筆であるか否かの決定を乞ふため鏡花門下で唯一の現存者である寺木定芳氏のもとへ送りとどけられたものであり、同氏はもとより里見弴、久保田万太郎の兩氏及び鏡花未亡人によつて、その筆蹟、作柄が鏡花であることは玆に立證されている」と書き記すにとどまった。

ゲラの取り寄せがきっかけになったのか、一九五三年秋、突然和敬書店の關店主が現れ、都合でその侭になっている『新泉奇談』をどこか他の書店で出版できないか、と相談を持ちかけた。定芳は、同年暮に東京會舘で行われた菊池寛・久米正雄追悼会の席上で、毎日新聞の狩野学芸部長に話を振った。社内で話は巡って、小山勝治の尽力で角川書店から上梓するところまでこぎ着けた。しかし、角川の編集部長・松原純一は慎重だった。原稿の現物を見、村松定孝と検証を重ね、鏡花と同じく紅葉門下の星野麦人から確証を得て、やっとのことで重い腰を上げた。和敬書店版に寄せた「解説」で、里見弴が「およそこれくらゐ判斷に苦しむ事實に直面したことは、未嘗て覺えがない」「先生自記の『年譜』にも、また永年知遇を得てゐたわれら後輩との雑談の間にも、遂に一言半句の觸れられるところなかつたことは、たゞもう不思議と言ふよりほかはない」「忌憚なき私の評價を以つてすれば、代作（注95）、或は失敗にちかい作品と考へられる」など、やや否定的な書き方をしたのに牽制されたからのように思われる。

紆余曲折はあったが、『新泉奇談』はめでたく誕生した。しかし、発行部数は僅か一、〇〇〇部である。しかも、インターネットで某氏が「どうもゾッキに流れたようで本体の地にマジックで「〇」が書かれています」と投稿していたと言うことから、産みの苦労に比べ、売れ行きは芳しくなかったようである。(注96)

（注94）出版社に送られた原稿がどうなるかについては、作家の村上春樹が二〇〇四年の文藝春秋四月号に寄せた文章が興味深い。出版社の倉庫に厳重に保管されるか、活字になった後で著者に送り返されることが多いようだが、村上の手書き原稿は編集担当者の手元に置かれて倉庫には収容されなかった。村上が哀惜を込めて綴った「ある編集者の生と死」によれば、デビュー以来二五年に及んで村上の作品の多くを担当した編集者の死の前後に、少なからぬ量の原稿が古本屋を介して流出してしまった。それもべらぼうな金額で取引されていたという。村上は、「生原稿の所有権は基本的に作家にある。あるいは別の見方をして、出版社に一定期間それを預かる権利はあると思う」と述べているが、これがまっとうな考え方であろう。鏡花もすべて自分の手元に原稿を回収していたそうであるから、『新泉奇談』の原稿を当の鏡花が回収しようとした形跡がなかったことを里見弴は訝ったのである。

（注95）鏡花が弟・泉斜汀に代作させることもあったようである。

（注96）鏡花の晩年には自然主義が盛んとなり、熱心なファンを除き、鏡花の存在は薄くなっていた。その後、敗戦を挟んでの有為転変はめまぐるしく、今更鏡花でもない時代に入っていた。

# 第十二章

## 渋々保険医となる

悪い癖は直らないし、直そうともしないのがわが定芳である。後先考えずにずばっと言ってしまうのは、ある意味、潔いことなのかも知れないが、後始末に大汗をかくこともしばしばで、結果として評価を落とすことになる。

今度も定芳は後悔していた。金持ち連中を患者にしていたお蔭で、日中僅かな時間オフィスで診療するだけで糊口は十分しのげたので、周囲から「なぜ保険診療をおやりにならないのか」と聞かれると、「老齢でそう過激な筋肉労働に耐えられそうもない。それに、オフィスが米国式のほんの一人の歯科医が仕事ができる、せまい小い部屋なので五人以上患者を待たせたら、座る所も腰かける椅子もありはせん」と一応は恍けるのが常であった。そこでやめておけばいいのに、かねがね、あれも駄目これも駄目、と規則でガチガチに縛りつけられるんだったら、いっそのこと医療を国営化した方がまし、と思っていた定芳は、一九五二年一〇月の日本歯科評論誌上で、「現行の保険法下では、誰が快く医業に従事するものか」とまで言い切った。

その定芳が、である。一流会社の社員や劇団関係者でも、保険で治療が受けられないと知ると、一人欠け二人欠け、と潮が引くように離れて行く現実を突きつけられ、それから四か月後、大見得を切った舌の根も乾かぬうちに、「刀折れ矢尽きて健康保険哉」とお上の軍門に降ってしまったのだから、何とも様にならない。それでも往生際悪く、「吾一と度び保険制度の真只中に飛び込んだ以上、恐水病なんかかからないぞ、一寸でも圧制がましい事でもして見やあがれ、毒舌に輪をかけて、とことんまで喰い下つてやるから、それでもかなあなきあ、死に代り生き代り恨みはらさでおかないから覚悟におよべ」とあがいてみせるが所詮は負け犬の遠吠え。このとき定芳、御年七〇歳。

そもそも医療保険制度というのは、純医学的なものとはひと味違い、すべて約束事で成り立っている。予算の大枠が決まっているから、なるべく金をかけないように指導される。言ってしまえば、最低の治療でよろしいのである。抜歯などで抗生物質を使う場合、一番安いものが第一選択になる。手術前から投与して血中濃度を上げる、などは絶対認められない。拡大解釈してどんどん認めて皆が幸せになろうという医科とは異なり、請求書（レセプト）を査定し返戻することが権威の表れと誤解している歯科審査員によって、保険総枠からの取り分はますます減少している。学問的に正しい、とつっぱねても査定される。国を相手に喧嘩しても勝てる道理はない。心得違いしないように、と新規参入した保険医には、御親切にも一年以内に「新規指導」が行われる。指定されたカルテやレントゲンフィルム、果ては技工所の領収書まで持参に及び、約一時間はぎゅうぎゅうの目に遭わされる。係官の御機嫌を損ねると、「またいらっしゃい」の再指導となり、徹底的に保険診療のイロハをたたき込まれる。

わが定芳の場合、まだ世知辛い時代ではなかったので、「保険講習」を修了すれば翌日から保険診療ができた。それでも、親友の長井頼逸から厚生技官の藤林平が書いた著書二冊を貰って俄勉強し、東京都歯科医師会の事務所三階に設《しつら》えられた講習会場に臨んだ。当日は冷い雨のふりしきる寒い日だったが、屠所に引かれる羊のようにしおしおと階段を上がると、そこにはいずれも苦いきびきびした連中ばかり約七、八〇人がひしめりていて、定芳のような老人は一人もいなかった。目立たないように一番後ろの隅の方で身体をすくめて、診療録（カルテ）の書き方や請求書の記入方法など、詳細に亘る説明を受けた。意外だったのは、恐ろしい存在という先入観のあった技官殿が実に丁重な話し方をしたことで、「勿体なさと忝なさで、唯感涙にむせぶばかり。講演なさる方のお顔も涙でかすむばかりでございました」と随筆に書いたほどだった。

かくてめでたく保険医となったが、群れることの嫌いな定芳は、歯科医師会の活動には端《はな》から興味を示さなかったし、肝腎の保険診療にも必ずしも熱心に取り組んだわけではなかった。保険に釣られずに定芳の許に残った患者の大半は当時の有産階級で、体面上、保険証を振り回すことをためらったのである。

時は移って一九五六年二月五日、保険医の総蹶起大会が行われ、総辞退宣言が採択されるという事態になった。厚生省が打ち出した健保の新しい体系に医療人側が危機感を募らせた結果である。全国から集まった医療人が白鉢巻で気勢を上げるのを、定芳は垣根の外から冷ややかに眺めていた。定芳に言わせれば、集まって怪気炎を上げたり、署名を役所に持ち込んだところで効果はなく、国民大衆を味方につけるのが一番、なのである。

定芳の診療室近く、新橋駅前でしょっちゅうやっている演説会を眺めていても、会がすめば聴衆がぞろぞろあくび半分で帰って行くのが常で、総蹶起大会などやったところでそんな程度、と達観していた。ましてや街頭署名なんぞ全く効果のない愚劣きわまるものであり、恭しく受け取った役人は、相手の姿が消えたとたん、碌すっぽ見もしないで屑篭に放り込むのがオチ、と嘯いた。

ところが、定芳の予想に反して、四月になって厚生省は案を撤回した。賢しげに無駄な努力、と言った手前、定芳はぼそぼそと、「お役人の巻き返しは怖いぞよ」と呟くしかなかった。

その二年後の一九五八年一二月、国民健康保険法が公布され、国民皆保険の基盤が確立された。実際の施行は一九六一年に入ってからであったが、制限診療の撤廃や診療報酬の引き上げを求めて、一斉休診が実行された。その挙げ句、医師会長・武見太郎と時の自民党政務調査会長・田中角栄との間で手打ちが行われ、玉虫色ながら、かなりの譲歩を引き出すことに成功した。(注97) 保険診療収入の二八パーセントを利益と見なして課税する、という優遇制度も生まれた。

（注97） 当時の制度では、最も簡単な外科手術の一つ、と見なされている盲腸（虫垂）炎の手術でさえ、いちいち社会保険事務所にお伺いをたてなければならなかった（制限診療）。このような事態の改善と診療報酬の引き上げを骨子とした交渉では、田中が白紙の同意書に先ず署名し、武見が四項目の要望を記入して署名する、という腹芸を使っての政治決着が図られた。それかあらぬか、各種保険の一本化などは未だに実現していない。

## 晴れがましくもテレビに出演

定芳が日歯入りするきっかけを作った京田武男が、『歯口世界』の編集を定芳に押しつけて、NHKのアナウンサーになってしまったことは既に述べた。この京田との縁で、定芳は、当時愛宕山にあったスタジオに罷りこして、歯に関する講演を何度か行った。これはスタジオが内幸町に移っても続いたが、市井の一開業医が直接関係する職業がらみの講演をNHKがお先棒を担ぐとは、とかやっかみがうるさくなったので、いつしか立ち消えになった。

それに代わって今度は、余技ともいえる文士との交友を介してのあれこれを、との注文を受け、再び講演を行うことになった。これは有名文士の知られざる一面を面白おかしく語ることで、結構人気があった。ことに民放が出現してからは頻々とお座敷がかかった。しかし定芳はこれにもすぐに飽きてしまい、マイク相手に原稿を読むなんて、とぼやいていた。そこへ降って湧いたようにテレビ出演の話が持ち上がった。

テレビ放送は、一九五三年二月にＮＨＫが東京テレビジョン局、次いで八月末に日本テレビ放送網（ＮＴＶ）が開局したことで、本格的導入のスタートを切った。開局時の契約数は三桁だったと言うから隔世の感がある。定芳が出演した一九五六年は、ＮＨＫがカラーテレビの実験放送を開始した年であるが、東京地区でもテレビ局は三局しかなく、東京タワーも出現していなかった。すべて生放送で、「ＮＧ！　ハイ撮り直し」とは行かないので、スタッフも出演者も緊張の連続だった。

定芳に出演話がきたのは新派の喜多村禄郎を囲む「星座のかげに」という一時間の座談会だった。五月二七日の七時半から、といういわばゴールデンタイムで、喜多村のほかに花柳章太郎、水谷八重子、英太郎《はなぶさ》、阿部陽子、長田幹彦、室積徂春、それにわが定芳という面々が顔を揃えた。司会は徳川夢声が相務めた。伊井蓉峰や河合武男と新派三頭目時代を作った喜多村はこのとき八五歳で、新派の女形として昼夜二回興行をこなす矍鑠ぶりだった。花柳も英（初代）も新派の女形で、特に英は川口松太郎の『風流深川唄』のお常役を喜多村から引き継いだ間柄だった。水谷は雙葉高等女學校入学前から演劇界で頭角を現し、一九四九年に花柳が興した「劇団新派」結成に参加した。阿部は、芸名は洋子で、水谷八重子の後継者として将来を嘱望されていた逸材だったが、定芳がなくなった年に舞台で大けがをして引退した。長田は早稲田では定芳の後輩に当たるが、一九一二年に発表した『零落』で文壇の花形となり、谷崎潤一郎と比肩された。「月は朧に〜」の『祇園小唄』

の作詞でも知られる。しかし後が続かず、晩年はＮＨＫの文藝顧問となってラジオドラマを創設した。室積は佐藤紅緑門下の俳人で、文壇、画壇、俳壇に交流を広げていた。徳川は映画のトーキー化とともに弁士をやめ、声優として、座談の名手として一世を風靡し、一年前には菊池寛賞を得ている。また、一年後の一九三二年には紫綬褒章を受けることになる。

このような錚々たる連中に伍して、なぜ定芳が出演したか。老人連の退屈な座談会を、定芳の底抜けの明るさで引き立てようとしたのかも知れない。文壇に幅広い人脈があるので、面白いエピソードが飛び出すことを期待されたのか。夫人の孔雀が新劇時代から親交のある水谷からの話なのか。はたまた鏡花が行き、禄郎が行き、章太郎が行き、の麹町富士見町（現在は移転して銀座三丁目）の天麩羅屋ハゲ天が接点になったのか。

何はともあれ、一度は出てみたいと念じていたテレビなので、出演者の中で一番舞い上がったのは、わが定芳であった。隅田川の畔にある料亭にカメラを持ち込み、禄郎が奥座敷の中心に構え、右手に夢声左手に定芳が並んで、鳴り物や声色《こわいろ》まで揃えて、出演者は出たり入ったり、という凝った趣向に、感激一入《ひとしお》であった。その定芳が、「生来のずうずうしさで、聴視者の中に家族の者共がいるのを知っていたので、（中略）自分の横顔だけしか写らないのを意識して時々飛んでもない時に、逆に見物の方へ顔を向けたり手なぞふりかざしてヂェスチュアよろしく、いろいろやった」というから、何のことはない、取材カメラの前でＶサインをやる悪ガキ並のはしゃぎぶりだった。しかも、東京新聞のテレビ評に、「寺木ドクターの若々しいのには驚いた」と書かれたのを人づてに聞いて、顎をなでながらニヤニヤした。

## 歯科ペンクラブ

「日本ペンクラブ」というものがある。一九三五年に発足したもので、初代会長は島崎藤村。以来今日まで続いている。別に「鎌倉ペンクラブ」もあり、一九三六年、久米正雄会長以来、これも今日まで歴史を刻んでいる。いずれも文筆を以て生業《なりわい》とする人達とその関連からなる。

これらをもじった、というと身も蓋もないが、一九五六年、定芳らが音頭取りになって「歯科ペンクラブ」ができた。「同志を集めて、あらゆる歯界の問題に就て、行政方面でも医業方面でも学術方面でも、正々堂々たる論評賞賛を、天下に発表するグループを作り上げようぢやないかと話し合つた」のがきっかけで、「今田、飯塚、池下、高津、中安、田中、山内、寺木の八人が発起者となつて、十月二日丸ビル九階で結成会を開いた」と定芳は書いている。

どのくらい賛同者が出るか分からないので、発起者の周辺から在京人五五名を選んで案内状を出した。案ずるより産むが易し、集る人何と五二名、欠席三名も大賛成、と幸先よい船出だった。その場で決まったのは「歯科ペンクラブ」という会の名称、「歯科ペンマンの親睦と歯科文化の向上発達に寄与する」という会の主旨、「歯科医或は歯科に関係ある人々で、ペンに親しみを持つ人、ペンを愛する人」という会員構成などで、役員はなし、世話人一二名が一年交代で、会員相互で会務を処理することになった。変なのに会を引っかき回されては困るので、入会するには会員の承認を必要とすることにした。会費は、通信費として一か年三〇〇円とし、足りなくなったら適時徴収しようという呑気なものだった。通信連絡所を、「港区芝田村町二堀ビル　寺木方」としたところを見ると、定芳が代表世話人格だったのかも知れない。

結成会の場で誰かが「いわば歯科文化人の集りですな」と言ったのが運の尽き、皮肉屋定芳が早速飛びついた。「文化という文字も近頃の流行語で、現在日本の中空をおびただしく乱舞しているのは、飛行機よりは文化という字だ。一体、文化とは何ぞや」と質問したのである。いうなればソクラテス流の議論の吹っかけ方で、質問した方に答があるわけではない。意表を突かれた参会者が押し黙ってしまうのを眺めて、定芳はひとりニヤニヤした。可哀想なのはうつぎえいじで、『日本歯科評論』一六九号に「歯科文化運動の発展のために」という一文を寄せ、冒頭に、「歯科ペンクラブの発会に当たってその第一回の会合が開かれた際、寺木定芳氏から『文化とはなんぞや』という問題が提起せられました」と真剣に受け止めている。

さて、歯科ペンクラブの第一回総会は一一月下旬、六三名が出席して、東京歯科産業ホールで開かれた。ここで会則の体裁を整えたが、如何せん、会員数が少ない。少なくとも二〇〇名を目標とすることにし、積極的に会員募集に努力することが合意された。そうなると、問題は地方会員である。矯正学会と同じように、東京中心に作ってしまったので、総会に参加するとなると、大変な負担である。窮余の一策として、意見があれば定芳のところに送ってもらい、総会の議にかけて、出席者総意による結論を得て発表する、ということで決着した。

このあたりから会場の雰囲気は怪しくなってきた。とにかく当日は頗る寒かった。会場を提供した東京歯科産業は、特大のガスストーブを二個新しく購入して、開場前からじゃんじゃん燃やしてくれたが、それでも寒くてやりきれない。事態をきわめて正確に予測していた定芳は、内燃機関の働きで暖めようと、のっけから弁当と酒瓶を出してしまった。「五六人が献酬しながら夕食を喰べ合いながら、愉快に甲論乙駁する、あの気分を其の儘に、総会でも演出して見ようと、之は専ら村人の主張だつたが、第一回総会でやつて見た」結果、「お互に喧々囂々、議事の統一なんか天からとれたもんぢやない、各議事すべて懸案になるか、委員附托になつた、然し頗る愉快に面白く、会則二条の会員の親睦だけは、フルに発揮して目出たく散会とは誠に申訳ない次第」

となった。これに懲りたか、第二回以降は定芳流は採用されなくなった。

当初討議されたのが「健康保険」というのは、文化を振りかざしたクラブとしては寂しい限りだった。次には歯科医師会の法定化の問題が採り上げられた。「これが成立すると、余りにも幹部の権力が絶大になり、一般平会員との間に、一種のへだたりが生じ、何か特権階級にでもなつたような「思い上り」を持ちやすくなる。そうなったら連中、何をやるか分からない」、と定芳は危惧した。

わが定芳は歯科医師会の本質を鋭く見破り、五〇年後の歯科界に起こる歯科医師会長と政治家の不祥事まで洞察していた、と見なしても贔屓の引き倒しとは言えまい。然らばどうするか、と問えば、するりと逃げてしまう物足りなさはあるが、視点をちょっとずらして「月の裏側でも眺めてやるか」流の考察は新鮮である。

歯科ペンクラブは、会員の眞鍋滿太の提案で、歯科文化発展に貢献著しいと認めた人々に、ペンクラブ賞を進呈したり、会誌を発行したり、総会以外に隔月に例会を開催したり、と着実に発展を遂げ、多くの歯科人がクラブの雰囲気を楽しんだ。

## 高津式の参院選立候補断念

定芳は怒っていた。しかもその怒り方は生やさしいものではなかった。端緒は高津弌から三月中旬にきた一通の葉書だった。それは、「私は、憲法二十五条の番人として参院選に出馬、参政の座につくべく、多年準備を進めてまいりましたが、菲才と無徳のためか、四囲の情勢は全く道義を欠き、日常生活にさえ息苦しい圧迫を感じますので、思い切って潔く断念することを決意しました…」という書き出しで始まっていた。

一見何の変哲もない参院選出馬辞退の挨拶状である。しかし、奥歯に物がはさまつたような、いつもの高津らしくない物言いに、定芳は何か引っかかるものを感じた。たまたまそのすぐ後で会うことがあったので、そろりと探りを入れてみた。しかし高津は、苦笑いを浮かべるばかりで、話をそらしてしまった。好奇心や野次馬根性では人後に落ちない定芳は、早速、高津の周辺や業界の消息通に聞いて回った。その結果、言うを憚る権謀術数が渦巻いていたことが分かった。

言葉にすれば口が腐ると思っている定芳に代わってかいつまんで言えば、高津が次期参院選に立候補を表明したのに対し、日本歯科医師会の上層部には別の思惑があって、高津の立候補を陰に陽に妨害し、遂に諦めさせた、ということである。

歯科界出身の代議士は何人かいるが、これらは歯科医師会のヒモ付きではなかった。一方、一九五〇年六月に行われた参議院の第二回選挙では、利益代表として、林了が出馬したが、あえなく落選した。林は一九五三年四月の第三回選挙でめでたく当選したが、翌年早々病死してしまった。もともと目が悪く、常に夫人が付き添うという異色の存在ではあった。一九五六年七月の第四回には竹中恒夫を擁立して、三七万余票を獲得し、歯科界の団結力の強さを示した。歯科医師数二万五千の当時、これは驚異的な数字であった。

そして第五回、高津は早くから立候補を表明し、準備を重ねていた。しかし歯科医師会幹部は鹿島俊雄を立てるつもりでいた。候補が二人となれば、共倒れの危険がある。幹部連は思いつく手段を総動員して高津に立候補辞退を迫った、と定芳の耳に入ったのである。どのような策を弄したかは、今となっては知るべくもないが、定芳の怒りは尋常ではなかった。

定芳は以前、高津を歯科医師会長に推そうとしたことがある。そのときは会則についての無知をさらけ出して、すごすごと引き下がったが、そのときの怨念が熾火《おき》のように燻っていた。そのような下地があったので、幹部不信が再燃し、歯科医師会暴力団説を展開したのである。

当の高津は、一九五八年四月の『日本歯科評論』一八六号六四頁に、「歯科界の爲ペンに生きん」という参院選断念の弁を載せた。同じ号に定芳は、「毒殺された高津弌君を祝福」して、「一人や二人の陣笠が存在したって、時の政治に対して蟷螂の斧にも及ばない貧弱な力しか発揮できない。それよりも報道人として歯科界のために尽くしてくれた方が遙かに有意義だ」とエールを送った。

一九五九年六月、第五回参院選が行われ、鹿島は堂々と当選を果たした。しかし程なく、三大選挙違反事件(注98)の主役の一人として、連日新聞紙上を賑わした。

(注98) 第五回参院選では、鮎川、植垣それと鹿島の各派が司直の追求を受け、新聞は詳しくこれを報道した。鮎川派の選挙参謀らは地下に潜り、恩赦目当ての逃亡と非難された。

## 親友・久保田万太郎の死

俗に歯科恐怖症というのがある。甲高いエンジンの音、カチャカチャいう金属音、注射器を手に迫ってくる白衣と白マスク。この怖さは理屈抜きで、人によっては税務署より怖いものらしい。患者には遠慮会釈なくメスを振るう口腔外科の教授が、「あのチクンだけは怖いね。どうしてもやられる時は全身麻酔でお願いしたいね」と講義で宣《のたま》うくらいだ。

久保田万太郎も筋金入りの歯科恐怖症だった。いくら歯が痛くても、歯科医院の前を素通りしてしまう。当然の帰結として、虫歯は根っこだらけとなり、それでも頑として抜かせない。長年の主治医だった定芳もこれにはほとほと手を焼いた。

これまた定芳の患者だった谷崎潤一郎も、治療を受ける時には、必ず奥さんが側についていて、小さな薬瓶を用意していた。緊張の極致に達して一寸あやしくなると、奥さんがぐいっと出てきて、その小瓶を口に持っていって呑ませる。定芳も気になって、「それ何の薬ですか」と聞くと、奥さんは澄まして「ブランデーですよ」。あの位神経が細かくないと作家にはなれない、と定芳は結論付けた。


万太郎は生来八重歯、業界用語で言えば「上顎犬歯の低位唇側転位」だった。八重歯は山本周五郎の名作『さぶ』にも出てくるほど、江戸時代から日本人には多い症状である。少し前まではチャーミングポイントといわれた八重歯だが、欧米のドラキュラ伝説の影響か、だんだん嫌われ者になってきた。特に年寄りの八重歯となると、考えただけでも気色が悪い。しかもこれは歯列から飛び出しているので、義歯を作ろうとするとひと苦労である。定芳も、理想的な義歯を作るには抜いた方がよい、と勧めたが、怖さが先に立って、いかに二〇年来のつきあいがある定芳のいうことでも首を縦に振らない。こうなったら大学病院の権威を借りるしかない、と東京歯科大学の教授のところへ送り込んで、やっとのことで抜いて貰った。それも三、四日入院する騒ぎだった。普通なら小一時間で一丁上がり程度のことである。

なにはともあれ、これで総義歯と相成った。ところが至る所に根っこが残っている。いくら説得しても抜かせないので、やむを得ずその上から義歯を作った。ろくな義歯ができないのは当然で、内心の忸怩たる思いを押し殺して、毎年のように作り直した。

この万太郎が、一九六二年に胃がおかしいというので、慶應病院に入院した。開けてみたら、恐れていたガンではなく、胃潰瘍だったので、一同ほっと胸をなで下ろした。今とは違って、胃潰瘍でもバサバサ切ってしまうのが通例だったので、手術後二か月ばかり病院で静養することとなった。よっぽど退屈だったのか、大手術で度胸が据わったのか、臆病だったはずの万太郎が、病院の歯科へ行って、口のなかじゅうの残根を全部抜いて貰った。さて義歯を作る段になると、親友に作ってもらうから、と退院した足で定芳のところにやってきた。いたく感激した定芳は心を込めて義歯を作ったので、当人も具合頗るよろしい、と御満悦。市川猿之助の襲名披露の前夜祭で、堅焼きの松崎煎餅をばりばり噛んで見せたりした。

ところがいくらよく噛めても、所詮義歯は義歯である。ぴったりと塞がれている歯茎に風を通したいのか、ひょいと外したがる向きも少なくない。万太郎もそのひとりで、外したままで外出することもままあった。一九六三年五月六日の中村汀女の句会で挨拶を求められたときも、「本日は入れ歯を忘れてきてよく喋れませんので御勘弁を」と大口を開けて見せてから中座した。午後二時からの梅原龍三郎宅での「寿司を食べる会」に出席するため、義歯を取りに戻ったのである。帰ってみると人は二、三人待っているし、電話は次から次へとかかってくる。全部片付けて車で途中まで行ったところで、肝腎の入れ歯を忘れてきたのに気がついた。時間が迫っていたので引き返すわけにも行かず、そのまま梅原邸にかけつけた。

万太郎は浅草生まれの生粋の江戸っ子である。江戸っ子たるもの、蕎麦と同じで、寿司も噛むなんて野暮ったいことはしない。ネタを下にして、のどの奥へ放り込むようにするのが通だった。だから、少ないシャリをいかにかっこよく握るかも職人の腕だった。義歯はあってもなくても大勢に影響はなかった。

着いてみると、すでに七、八人集まっていて、銀座から出張してきた寿司屋の職人が、向こう鉢巻で朱塗りの握り台を前に構えている。駆け付け三杯下地に入れて、職人が「へいお待ち」と差し出したのが好きでもない赤貝の寿司で、これが運悪く咽喉につっかえた。げっと吐き出してしまえばよかったのだが、人前を遠慮して廊下に飛び出し、その間に気道が完全に塞がれてしまった。急に倒れた万太郎を見て、周囲はてっきり脳溢血と思いこみ、そっと寝かせて医者を呼んだのである。来た医者がびっくりして病院へかつぎ込んだが、すでに手遅れであった。何年か前に万太郎が酔余の勢いで揮毫した「春の夜や、かの定芳の腕まくり」の色紙が悲しくも形見として残った。

# 第十三章

## 歯科大学設立騒動

逗子市山の根は、横須賀線の線路の北側に広がる住宅地で、逗子駅にも近い。定芳が居を構えた区画は元々は葉山の日蔭茶屋の所有地だった。大杉栄・伊藤野枝・神近市子の三角関係のもつれから刃傷沙汰の舞台となったこともある老舗にも、土地を物納せざるを得ない時期があった。この土地は神田・須田町の高級果物店・万惣の所有するところとなり、その一角を借り受けて定芳が家を構えたのである。その隣には鏡花の弟一家を住まわせたが、これも師に対する敬愛の念の発露といえよう。借地を買い取ろうという話も早くから持ち上がっていたが、経済に弱い定芳のこととて、実現するまでに一〇年以上かかった。

長年の懸案を片付けた定芳が、「波おだやかに吹く風枝を鳴らさず、誠に天下太平を楽しんでいる、自分の住居地、三浦半島に台風の前ぶれみたいな、険悪な雲の流れが、むくむくと涌いてきた」と書きだしたのは、学校法人日本厚生学園による歯科大学設置の動きに関してである。

敗戦時、わが国には「齒科醫專」が八校あった。GHQは教育改革の一環として、「專門學校」の廃止を打ち出した。内容を審査し、大学昇格か、廃校かの二者択一を迫ったのである。一九四六年五月、サムス大佐は「一九五〇年までに昇格資格が整わない学校は廃止する、女子だけの医科系大学は許さない」との方針を打ち出した。その結果、九州齒科醫專と女子齒科醫專二校（日本、東洋）は廃校と決まったが、公立の九州齒科醫専はぎりぎりで復活した。医科でも帝國女子醫専は東邦医大と名を変えて男女共学で再出発したが、東京女子醫専は女子のみで東京女子医大として残った。混乱のなかとはいえ、片手落ちの誹《そし》りは免れがたい。

廃校の憂き目を見た二校は、一九五〇年三月に最後の卒業生を出し、国家試験も高い合格率で女の意地を見せた。この二校はその前年一〇月に公布された歯科衛生法施行規則に基づく歯科衛生士教育に活路を求めた。「東洋」はやがて消滅したが、「日本」は「日本女子厚生学園」として存続し、一九五二年、日本女子衛生短期大学を設立して、発足時の衛生士学校は一年制の別科として残した。歯科衛生士教育は、今は三年制になっているが、当時は実務は一年で十分と見られたのであろう。

臥薪嘗胆、歯科医学教育機関の復活を待ち望んでいた「厚生学園」幹部に朗報がもたらされた。医師および歯科医師の不足が社会問題となり、歯科大学の新設が許されそうな雲行きとなったのである。一九五一年には大阪大学で医学部から分離という形で歯学部が誕生したが、それでも歯科大学は全国で七校、人口三、〇〇〇に対して歯科医師一人という割合で、捌ききれない患者数に、歯科医師の健康問題まで取り沙汰された。

一九六一年、名古屋の愛知学院大学歯学部が発足した。三月三一日認可、四月一日開学、という綱渡りであった。厚生学園は清泉女子大学が五反田の島津山に移転した跡地を取得し、六三年にまずは短期大学を移設した。同時に歯科大学の設置申請をしたが、準備不足で却下となった。この動きに三浦半島の各歯科医師会支部が一斉に異を唱えたのである。

当初理事長に擬せられた木本椿雄は、戦後のごたごたのなか、特権を行使して日本歯科大学の危機を救った功績で大学の中枢に坐り、辣腕を振るった。中原実の時代になると大学を離れ、暫くして神奈川歯科大学設立の動きに資本参加し、学園長となった。実質理事長だったが、文部省への申請では中原実が名目上の理事長だった。学長・檜垣麟三、病院長・堀武、事務局長・川村二郎の布陣だった。

周辺の歯科医師会支部は危機感を募らせ、反対運動を展開した。「横須賀市内には開業医が十分にいて、歯科医師不足は起きていない。そこへ全開業医に匹敵するぐらいの治療台を備えた大学の病院ができることになれば自分達の死活問題だ」というのが主な理由であった。「大学病院は患者を研究資料にする建前から、術者はすべて未完成の学生だ。これでは歯科医術の万全を期することはできない」と理屈をつける向きもあったが、自分が受けた歯科教育を思い出せば、こんなことはあり得ないはずである。なかには「もしどうしても大学を設立するというなら、歯科ではなくて、理工科系の大学が欲しい」などという見当違いの理由もあった。

これに対して木本一派の言い分は、「創立から四〇年の歴史を持つ日本女子齒科醫専は不当にも、昭和二五年の学制改革で廃校にさせられた。この伝統ある学校を復活させるには、神奈川歯科大学設立以外に手はない。それに日本の都市人口は急激に増加をしつつあり、現在の開業医数で十分だなぞというのは、寒村僻地の開業医のいう事だ。横須賀市の開業医が慌てるような事態ではない」ということに集約できる。

騒ぎが起きても、定芳は地元にオフィスがあるわけではないので、高みの見物である。双方の言い分を伝え聞いて、いかにも定芳らしい辛辣な結論を出した。曰く、

どやされるかも知れないが、開業医の反対はつまり儲からなくなるからだ、又、設立者の本心は、理工科系なんかぢや儲からない、何といつても大学でたんまり儲けようというのは歯科だ、附属病院だ、月給どころか学生から莫大な月謝を頂いて、そして稼いで貰って、患者からは歯医会規定の料金をドシドシ徴収できる、こんなうまい商売は一寸外にない、この点、一般医科なんかが入院料で漸く、いきをついてい

るのと比べたら雲泥の差だ、要するに人間が生きている人生だ、強欲をいっちゃ悪いが、誰もがどんな人でも、ゼニが欲しいのだ、ゼニある限り、ゼニが万能である限りこんな紛糾は幾千代なくなるもんじゃない（日本歯科評論二五二号）。

定芳の見解は半分当たっていて半分外れている。よく吟味しないで意見を開陳してしまう悪い癖がここでも出てしまった。

当時は極端な歯科医師不足で、一旦歯科医師の資格を取れば、将来は展けていた。文系学部のおよそ一〇倍の経費はかかっても、卒業して国家試験に通れば、十分に回収できた。したがって、歯科の入学希望者はいくらでもいた。既存の歯科大学で定員をオーバーしても、始末書一枚で文部省も黙認した。真偽は定かでないが、目端の利く親が大枚の授業料を払っているうちに、これは儲かるというので、歯科大学を作ってしまった、という伝説まで生まれた。

しかし、付属病院は定芳が考えるほど儲からない。指導者がつきっきりで介助しなければ、学生の診療など危なっかしいこと夥しい。細かくステップが設定されていて、ステップごとにサインが必要なので、一日に三人も治療すれば、今日はよく働いた、ということになる。腕のよい教員がいるだろう、と言われても、脂ののりきった中堅どころは学生の指導に手一杯だし、教授・助教授連中は滅多に治療などしない。地位が上がるにつれて雑用も増えるし、目も霞むのである。国公私立を問わず、付属病院は赤字が当然で、道楽息子と陰口を叩かれるのが通例だった。

何せ四〇年以上前の話である。当事者はひとりも大学にいないので、確かなことは分からないが、地元と何らかの手打ちが行われたらしく、一九六四年四月には桜の花の下に一二四名の入学者を迎えることができた。灯りをともし続けていた旧日本女子歯専関係者の感慨は一入であった。

あんた横須賀線に乗ったことはあるかね。東京駅の地下ホームから出発して古都歴史散歩？　電車は奇麗で、乗り心地も抜群？　ぢゃ今回は古老が語る横須賀線、とでもいくか。何しろ吾輩は蒸気機関車が引っ張っていた頃から乗っていたんぢゃからね。

そもそも横須賀線は東海道線の支線だったんぢゃよ。首都防衛のため、という大義名分で、観音崎に砲台を作ったことと、横須賀に鎮守府を置いたことが事の始まりだ。ところが中央からのアクセスが船しかない。だから軍事機密も保てるというもんだがね。それにしても軍需物資の輸送には不便きわまりない。そこで陸海軍の大臣が時の総理大臣・伊藤博文に直訴に及んだ。富国強兵を国是としていた時代だから、すんなりと認可され、大船から観音崎までが当初計画だったが、人家が建て込むなかを通そうってんだから金がかさむ。やむなく横須賀が終点となった。それでも今じゃ想像もできない荒っぽさで線路を敷設した。円覚寺の境内や鶴岡八幡宮の参道を横切る強引さで、着工から一年半で完成しちまった。もちろん単線で、途中駅は鎌倉と逗子だけ。開通一五年目でやっと田浦駅ができた。これも海軍の施設があったからだ。駅前に軍港がひろがる横須賀駅は日本でも珍しい階段のない終着駅だっていうこと知ってたかね。

鎌倉に移り住んだ吾輩は新橋への通勤で結構横須賀線の恩恵に浴したね。帰りが終車になると、顔ぶれも一緒で、終列車の会とか夜汽車の会なんてものまでできる始末だ。その頃には複線化も進み、大正一四年には電化されて電気機関車が列車を引っ張ったね。太平洋戦争の末期、軍事施設が南へ拡がったため、久里浜まで線路を延ばした。これは今でも単線の儘だ。横須賀と衣笠の間に軍関係者だけが乗り降りする相模金谷仮乗降場っていうのがあったが、四か月足らずで廃止されたから、そんなものがあったのを知る人も少ない。

新橋のオフィスは戦後もずっと使っていたから、横須賀線とも縁は切れなかったが、この横須賀線で、国鉄史上まれに見る大事故が起こった。思い出すたびに冷や汗が出るが、吾輩にもたまにはツキがある。

## 天佑、鶴見事故を逃れて

週末、熱海の別荘で寛いでいる定芳の許へ、とんでもないニュースが飛び込んできた。いつも通勤に使っている横須賀線で、脱線転覆事故が発生し、死者も出た模様、というものであった。

以前、東海道線と横須賀線とは、東京から大船まで同じ線路を走っていた。というより、正しくは大船から横須賀まで、東海道線の支線として軍事目的で横須賀線が布かれた。沿線の開発により、東海道線の利用客が増え、殺人的なラッシュとなったため、一九八〇年には両線は分離されることになった。品鶴線など貨物線の路床に手を入れ、客を乗せて走れるようにして、ここに横須賀線を移したのである。今では神奈川県の久里浜から千葉県の成田空港まで、乗り換えなしで行かれるようになった。蒸気機関車が牽引する列車として始まり、マホガニー色の国電を経て、横須賀線は、現在、スマートな雄姿を誇る。

この分離が行われる一七年前、とてつもない事故が起こったのである。一九六三年一一月九日土曜日、午後九時四〇分、鶴見駅と新子安駅の間で、現在は横須賀線となっている貨物線を走行中の貨物列車が脱線し、架線を支えている鉄柱にぶつかって東海道線の線路にはみ出した。そこへ上り横須賀線がさしかかり、先頭車両がこの貨車と接触し、折悪しく減速しながらすれ違った下り横須賀線の四両目の横っ腹に食い込んだ。連結が外れた先頭車はほぼ真横になって五両目にのしかかり、これを破壊し尽くした。上下線の乗客合わせて死者一六一名、負傷者一二〇名にのぼる大事故であった。遺体は総持寺に運ばれ、後に慰霊碑が建てられた。

今は新幹線発着ホームとなっている東京駅一三番線から、午後九時過ぎに発車する横須賀線逗子行きは、現今と違って比較的空いているし、眠っていても終点だから起こしてくれる、一〇時台の御帰館なら気兼ねもいらない、と定芳にとっては良いこと尽くめの電車だった。悪友の誘いや会でもない限り、週に三、四回は必ず乗るいわばお召車だった。いつもの土曜日だったら必ず乗っている。ところがわが定芳、日頃の行いが良かったのか、この週に限って金曜日の夜から月曜日朝までの予定で熱海の別荘へ行っていたので、事故に遭遇せずに済んだ。まさに命拾いであった。

事故の後暫くは、顔見しりではあっても名前までは知らない親子らしい二人連れから、哲学者で横浜市立大学長を務めた三枝博音まで、往復の車中では亡くなった人々の噂話や思出話は尽きなかった。運良く命は助かったものの、退院まで半年はかかると告げられた人もいた。定芳は随筆のなかで、「今迄聞いた大事故の新聞紙上で読んだのと違つて、身近に感じるだけに、ひしひしと胸にこたえ方も強い」と述懐している。

事故は大きかったが日本の動脈ともいえる幹線なので、その復旧は早く、二日後には各列車は何事もなかったように現場を通過した。しかし、お定まりの怪談話が早速登場した。同時刻に電車が現場にさしかかると、急に明かりが暗くなり、通過したら再び明るくなった、などという手の話である。定芳が乗った電車ではそんなことはなかったが、霊魂も三舎を避けたのかも知れない。

同じ日、福岡県大牟田市の三井三池炭坑でガス爆発があり、死者四五七名、負傷者約五〇〇名にのぼった。

## 励ます会と高津の死

「どうも最近元気がない」と寄ると触ると話題になっていた定芳の刎頸の友である高津弌は、一九六五年一月末、伊東温泉松川畔の〝いな葉旅館〟に静養に出かけた。雑務一切をかなぐり捨てて、であるから、よほどきつかったのであろう。定芳の耳に入ってきた噂では前立腺肥大の治療に使った女性ホルモンが仇となり、強度の食欲不振に陥ってしまったらしい。ところが運悪く、行った先で喘息発作に襲われてしまい、這々の体《てい》で帰京した。

（寺木正方氏提供）

**図66**　「高津弌を励ます会」でのスナップ（椿山荘）

考えてみれば無茶な話であるが、この機を捉えて、ワッと騒いで高津を元気づけようようじゃないか、と、定芳を筆頭に数名が音頭を取って、学士会館その他で計画を練り、高津の誕生日に合わせて、「高津弌君を励ます会」を行うことになった。時は三月一七日、目白の椿山荘に会場を設定した。会費として二、〇〇〇円を徴収し、あまった分は記念品代としてそっくり高津に差し上げる、という趣向であった。準備委員三〇名は、要りもしない記念品を貰って、置く場所に苦労した面々だったので、きわめて現実的な選択をしたのである。

あいにく当日は荒天であったにもかかわらず、政界、学界、業界などから二百数十名が集まった（**図66**）。その中には竹中・鹿島両議員、恩師と仰ぐ榊原勇吉、福島秀策東歯大学長、長尾優・東医歯大学長、今田見信・医歯薬出版社長、森田五郎・森田製作所社長、それに原田良種、眞鍋滿太など錚々たる人々が含まれていた。

高津は病躯をおして夫人の介添えを受けながら登壇し、一見元気そうに挨拶し、宴会は中座した。翌日、高津は五反田の高台にある関東逓信病院に入院し、療養に専念した。定芳は時折様子を見に行っていたが、徐々に回復していると見て、楽観していた。既に椿山荘の会の時点で、高津の生命は二か月以内、と診断されていたのを定芳は知らなかったのである。

折角の定芳らの願いもむなしく、入院からひと月あまりの四月二四日、高津弌は死んだ。死因は喘息性心臓衰弱であった。享年七一歳。

葬儀は四月二七日、港区高樹町の永平寺東京別院でしめやかに行われた。葬儀委員長を森田五郎が務め、福島秀策らが弔辞を捧げた。『日本歯科評論』は妻・宇女が社長に就任した。

定芳は翌月の『日本歯科評論』に、「高津君、君は逝ったのか、嗟乎」という六頁に亘る弔文を書いて高津の冥福を祈った。

当然といえば当然のことなんだが、長生きすると、周りから一人欠け二人欠け、櫛の歯を引くように友達がいなくなる。守屋パパ祭り、万ちゃん祭りで、とうとう高津クンまで逝ってしまった。ぐるっと見回すと、生きているのは里見クン位のものだった。え？　吾輩か。吾輩は至極元気で、ひょっとすると死なないんぢゃないかと思っていたね。宇野千代女史が「わたし、死なないんじゃないかと思います」と言ったそうだが、長生きすると、つい言いたくなるもんぢゃよ。

え？　長生きの秘訣は、って？　吾輩にもよく分からん。身体に良くないことばかりやっていたからね。そうやって人生をエンジョイしたのが良かったのかも知れない。日々楽しいことが一番の藥、と思わんかね？　ま、そんな吾輩を見て、周りが気を遣ってくれたことも有難かった。年寄り扱いするな、と突っぱねてはいたが、内心感謝してたんぢゃよ。

## すってんころりん

高津に死なれて落ち込んだ定芳だったが、もともと長いことくよくよする性格ではない。八〇を過ぎたとはとても思えない元気さで、逗子を午前八時四五分に発車する横須賀線の先頭車に乗るのを日課とした。その車両は、新橋に着くまで、常連の「汽車会」の会場と化すのが通例であった。銀座の画廊の店主など、一〇時頃からぽちぽち店を開ける連中が揃って乗り込んでくるので、談論風発、時間が経つのをつい忘れるほどだった。

診療所は二〇年来の女性の代診・西成田が取り仕切ってくれたが、根強い定芳ファンも健在で、その応対に遑《いとま》がなかった。冷静に考えれば、腕が鈍っていることは明らかだが、そこは医療の妙なところ、波長が合えば患者さんはおいそれとは離れていかないものである。これぞ自然科学とは一線を画す医学という体系の面白い所以で、感情もあれば勘定もあるのである。

ところが、あんまり呑気に構えてはいられない事態が起こった。右肩上がりの経済成長に伴い、モータリゼーションの波がわが国にも押し寄せてきたのである。定芳のオフィスがはいっている堀ビルは一九三三年の竣工である。当然、駐車場のことなどこれっぽっちも考えられていない。一等地が裏目に出て、路上駐車は御法度である。患者さんは周辺をぐるぐる回っただけで、むなしく御帰還と相成る。どこか近所で信用できる歯医者を紹介して下さいませんか、と富裕な自家用車族は潮の引くように離れていった。これも御時世か、老骨を休めよ、との天の配剤かも知れない、と定芳は自嘲気味に自らを納得させるしかなかった。

暇をもてあました定芳は、午後四時になると診療所を後にし、通りの向こう側、やや日比谷よりの「かなや」で菊正二本を傾けることが多かった。永年鍛えたアルコールである。この程度で酔いが回る定芳ではなかった。しかし、気は若くても忍び寄る衰えには勝てず、地下鉄の階段を転げ落ちて入院する騒ぎを起こした。一九六八年一二月一六日午後四時半過ぎのことであった。

老化の兆しは内股の筋肉の痩せ細りとして現れることがあるが、何といっても多いのは、何かに躓《つまず》く現象である。スローフォックストロットのステップのように踵から足を踏み出すことができなくなり、ちょっとしたでこぼこにも足を取られる。ところがわが定芳、こんな惨めったらしいことを認めるわけがない。かつぎ込まれた病院のベッドの上で、格好の理由を見つけ出した。履いていた靴の所為《せい》にしたのである。

騒ぎの少し前、愛用の靴の踵がすり減って歩きにくかったので、堀ビルの前の歩道で店開きしていた靴磨きに、踵の付け替えを依頼した。応急修理で仕上がった踵には、鉄の鋲が打ち付けてあった。現今は皮底にゴムをはめ込んで滑り止めを図ったりするが、以前は靴底の摩耗を防ぐために、馬の蹄鉄よろしく、鋲や鉄片を踵やつま先に打ちつけたものである。欠点は滑りやすいことと、かちゃかちゃ音がするくらいで、誰もあまり意に介せず、歩き回っていた。

悪友の誘いに応じた定芳は、どうせなら銀座で一献傾けようと、問題の靴を履いて、地下鉄新橋駅の階段を下り始めた。折悪しく掃除夫がモップでじゃぶじゃぶと階段を洗っていたところに差し掛かり、ずるっと滑って尻餅をついたまま階段を転げ落ちた。意識不明と見て取るや、素早く救急車が呼ばれ、浜松町の東洋病院に搬送されてしまった。幸い骨折もなく、頭蓋骨内の異常も認められなかったので、約三週間でめでたく退院と相成った。とんだ正月ではあったが、検査の結果、定芳の身体は四〇歳の終わりから五〇歳初期の状態と医者からいわれ、とたんに身も心も軽くなって、足取りも軽やかに帰宅した。

問題は、災難を聞きつけて届けられた見舞いの品で、その大半が一升瓶、というのもいかにも定芳らしい。なかには医者の目を盗んで冷やで飲《や》るのもオツだよ、とけしかける手合いもいた。

日常生活に戻った定芳は、「今度の事件が若しアメリカで起り、自分がアメリカ市民だったら、歯医者商売なぞは、さらりとやめて、風光の地に別荘でも買い余生をのん気に楽々と暮せるくらい、巨額の慰謝料が地下鉄からとれる筈だ。然るに退院しても何等のあいさつもないし、こっちに落度が多少あったとしても、それなりきりで文句もつけよぅもないとは、嗚呼、昔ながらあわれ憫然たる四等国民よ」と締めくくった。

この事故に懲りた定芳は、その後は新橋駅から掘ビルまで、牛の如くゆっくり歩いた。久米未亡人が、ゆっくり三〇分もかけて…、といったのはオーバーだが、気をつけたことは確かだった。ただし、誰かが見かけて介添えでも申し出ようものなら、烈火の如く立腹して手がつけられなかった。

## 雀百まで

高津の死に逢ってからは、『日本歯科評論』への随筆掲載もいつしか途絶えてしまった。突然の死によって、生前叶わなかった第三回歯科ペンクラブ賞を高津宇女未亡人に手渡した（図67）ことで、ひとつのけじめを付けたつもりになっていた。

休みの日には孫を連れて近所のハンバーグ屋に行ったり、テレビで『ローハイド』を観たりするのが楽しみ

（歯科ペンクラブ　49号，1965より）
**図67**　第3回歯科ペンクラブ賞は高津弌に贈呈され，宇女未亡人が受け取った

（寺木正方氏提供）
**図68**　なぎさホテルのテラスで寛ぐ定芳夫妻

だった。今は外食産業の店に化けてしまったが、海岸の通りに面して多くのファンに愛された「なぎさホテル」の常連でもあった（**図68**）。海に開けた二階の食堂でスクランブルエッグを添えて供される朝食はなかなかのもので、のちに作曲家の團伊久磨が随筆に書くほどだった。ただし、ホテル自体が時代ものだったため、バスタブには、オテルリッツ並みの赤さびがこびりついていて、いずれ取り壊される運命だった。

元気の良さでは若い者に負けない定芳は、発足からその中心にいた歯科ペンクラブの機関誌には、しっかりと自分のスペースを確保していた。何しろ自分が発行人であるから、誰に遠慮もいらない。「新橋巷談」からはじまって「蛙鳴蝉噪」、「巫山朝雲」、「孤掌不鳴」と、毎号ではなかったが随筆を書き続けた。老いの繰り言、あまり気にせずにお読み下さい、と定芳にしては遠慮気味のタイトルだった。とりあげた話題は多岐に亘ったが、矢張り歯科ペンクラブの動向についてのものが多かった。それでも興が向くと、自分の年も忘れて、「老成は硬化だ、名をなした人には、それ以上の進歩はない」と言ってみたり、ステッキ姿を揶揄されたのに反抗して、「まだ耄碌などしておらんわい。ステッキを使ってみたまえ。こんな快適なものはないぞよ」と嘯いたりした。このあたりまでは年寄りの繰り言であるが、こと官僚批判となると、とたんに舌鋒鋭くなる。例えば一九六五年五月の第四七号では、

歯科官僚の小役人どもも、官僚人でなく民間人であった時は、いづれもれっきとした秀才型が多く、理解もあるし良識も持っていて、末頼もしき連中なんだったが、一度官僚という笠をかぶると、とたんに根性がひねくれて、一段高い所へ上ったような錯覚をたのしんで、小役人特有の目前の利害、それも事なかれ主義の弱者虐待の筋ばかり通して、三万歯科医の消長ひいては日本業界の前途なんか、全然考えようともしない、そしてそれが、やがて日本国民全体の健康上の重大事になるなんて、夢にも考えてみない。

と元気になる。深読みすれば、ひょっとすると矛先は歯科医師会推薦で就任した歯科医療官（技官）に向けられたものかも知れない。しかし、定芳の鬱憤もその場限りで、雑誌が出た頃にはけろりと忘れている。かつて「歯科軍醫」問題で「小役人」と罵った当の相手の檜垣麟三とは、歯科ペンクラブ発足以来実に仲良くやっていたことからもそれは分かる。

# 終章

一九七一年六月、帝国ホテルで歯科ペンクラブの春期総会が行われた。その席上、主幹の堤敏郎が「寺木定芳氏の長寿を祝う会」の説明を始めた。その場にいた定芳の怒るまいことか。勝手気侭に生きて今日まで来たのに、それを祝うなんて冗談じゃない、と折角の企画をぶち壊してしまった。

それから一年、定芳は隠居所に籠もることが多くなった。年をとって筋肉が落ちると、つい横になりたくなる。すると覿面《てきめん》に床ずれができる。定芳もこれには悩まされた。かなり痛がったことを周囲は記憶している。そんな最中、可愛がっていた姪・朝子の連れ合いの毛馬内眞造(注99)が見舞いに訪れた。その来訪を喜んだ定芳は、機嫌良く一緒に鰻を食べたが、その直後から意識が霞み始めた。幻覚が出たのか、大好きな小菊の鉢を異常に怖がり、枕元から下げさせた。それから一週間ほどで昏睡状態に陥り、一九七二年一一月三日、老衰で大往生を遂

特集・寺木定芳追悼
●追悼文　清藤 志郎／松本／林 春蔵／羽田 宣男
●初七日にて
●寺木定芳 思い出の写真集
●書かでもの記（歯ペ創刊号）　寺木 定芳
●寺木さんを偲ぶ夕べより

（歯科ペンクラブ 136号, 1972より）

**図69**　歯科ペンクラブは定芳を追悼して特集を組んだ

**図70**　寺木家の墳墓は浄光明寺にある

（寺木正方氏提供）

**図71**　銀座を散歩する一家。左より映子，月子，正，正方，定芳

げた。仁壽院慈徳定芳居士、八九歳九か月の生涯だった。伏せっていた里見弴は、病をおして通夜の席に駆けつけた。

　定芳がその設立に深く関与した歯科ペンクラブは、一二月号に「寺木定芳追悼」の特集を組んだ（図69）。清藤志郎、松本績、林春藏、ならびに羽田宣男の弔辞、初七日に行われた座談会、秋季総会に併催された「追悼の夕べ」の模様などのほか、想い出の写真集や創刊号を飾った定芳の「書かでもの記」が掲載された。

　定芳は鎌倉の浄光明寺にある寺木家の墓石の下で眠っている（図70）。もともと仙台の大聖寺にあった寺木家の墳墓を、震災を機に移したものである。

　それから約一〇年を閲《けみ》した一九八二年一〇月一八日、貞夫人も八八歳でこの世を去った。最後の五年ほどは、まるで幼女のようだったという。芳壽院花顔好貞大姉は再び定芳居士と相まみえることができたのである。

一代の快男児・定芳は、ほかから見ればうらやましい

（寺木正方氏提供）

**図72**　くつろぐ定芳と正方

生涯を送ったが、六人の子供のうち三人が逆縁になるという悲運もあった。双子の甫と京二郎が震災で命を落としたことは先に述べたが、折角歯科医になって藤沢で開業した三男の正（図71）も太平洋戦争の激化する一九四四年一一月、結核で死去した。残ったのは長女・映子と次女・月子、それに四男・正方で、定芳はことのほかこの三人を可愛がった（図72）。

定芳については、今日に至っても一部に、「いい加減なひと」という評価がつきまとう。これは多分にアングル直伝の歯科矯正に徹しきれなかったこと、思いつきでしゃべって引っ込みがつかないという場面を繰り返したこと、アンチ体制で常に睨まれていたこと、それに何より飽きっぽい性格の持ち主だったこと、などによるものであろう。

さらに定芳には、歯科界の異端児という評価さえある。定芳としては、善も悪もない、自分に忠実に生きただけのことである。これを異端というのは周囲の自由であり、ひょっとすると僻みにすぎなかったのかもしれない。マジョリティに少数派の生き方が分かるものか、と定芳は墓の下で嘯いているに違いない。

定芳の世界はもちろん、歯科という狭い範囲にとどまらない。文壇もあれば芸能界もある。つきあう相手で頭の切りかえが間に合わなければ、主題も時間もごっちゃになって、ジェイムス・ジョイスやヴァージニア・ウルフ並の「意識の流れ」に身を浸してしまう。時としては自分を見失ってしまうこともある。これが寺木定芳であった。

（注99）毛馬内の一人娘が眞砂子で、定芳の許で修行した後、横浜・山手で開業したのち、本町の目抜き通りに移ったが、先年、心筋梗塞で亡くなった。話し好きで肝っ玉母さんみたいに元気な人だった。

吾輩は長生きしたから話も長くなったが、あんたもよく付き合ったもんぢゃね。ほんとはもっと長生きできたのかも知れんが、親しかった仲間がぽろぽろ抜け落ちて行くと、生きようとする意欲も衰えるもんぢゃ。これが良くない。ガンにかかった人でも、なにくそという気になれば、結構生き長らえることができるが、諦めてしまうと、あっという間にお陀仏だ。気が張っていれば免疫も働く。ウルマンの「青春」ぢゃないが、いつまでも青年の気概であんたも活躍しなさいよ。

# 思い出のアルバム

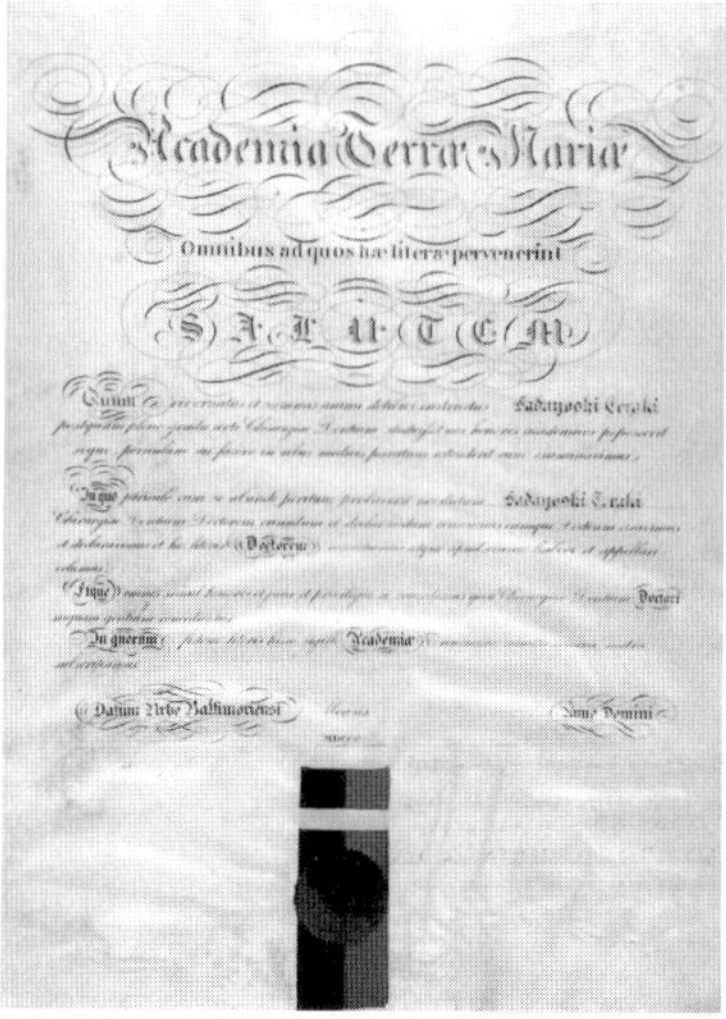

Academia Terræ Mariæ
Omnibus ad quos hæ literæ pervenerint
SALUTEM

定芳の卒業証書

赤坂時代

新婚の頃の定芳

定芳一家と母よし

結婚した頃の定芳

結婚直後の定芳夫人・貞

仲睦まじく
（大船ドリームランド，1964 年）

正方氏と海水浴

第三回日本医学会に出席した歯科界の面々
（明治四十三年四月四日）
後列右から二番目：野村大助，中列右から二番目：寺木定芳，三番目：血脇守之助，五番目：榎本積一，前列右から二番目：牧謙治，四番目：水野寛爾

松本矯正研究会で講演する定芳

守屋パパ（賢吾）取材中
（1950 年 日本歯科評論 11 月号用（守屋邸）10/11）

高津弌を囲んで

老境の母親

新聞を読む（戦時中）

「東をどり」開催中の日劇前で

母親を中心に寺木一族

# あとがき

歯科矯正を齧った人間のひとりとして、寺木定芳という名前には、一種の郷愁を禁じ得ません。その定芳先生がニューヨークでビリヤードの店を経営していた頃、ペンシルヴェニア歯科大学を卒業した私の祖父は、その店の二階で、帰りの船賃を稼ぐために必死で足踏みエンジンを漕いでいました。金持ちと素寒貧の格差はこんなところにも如実に現れていました。

祖父は横浜に降り立ってすぐ、日歯を創立したばかりの中原市五郎先生に拾われ、教鞭を執ることになりました。定芳先生は東歯を飛び出してから日歯に移りましたから、祖父と同僚であった時期が何年かありました。この縁も本書を書く動機の一つであったことは否めません。

私が三〇年以上身を寄せていた神奈川歯科大学の母体は日本女子衛生短期大学で、その卒業生の関（現姓・國立）陽子さんが寺木眞砂子先生のところに勤務していると聞き及び、矢も楯もたまらず、強引に引き合わせて頂いたのはまだ昭和の御代でした。勿論その当時は伝記を書こうなどとは露ほども思っていませんでした。直系の娘さんだと思っていましたら、姪御さんの子供で、その時は顔合わせ程度で終わりました。

このたびの企画で再び陽子さんの手を煩わせ、眞砂子先生に何度かお目にかかって、貴重なエピソードをたっぷりと語って頂きました。古い新聞や雑誌の記事とつきあわせているうちに辻褄の合わない部分が出てきましたので、確認のために出向こうとした矢先、心筋梗塞で急逝してしまわれました。不幸中の幸いは菩提寺を教えて頂いてあったことで、浄光明寺の副住職のお話から定芳先生のご子息の正方氏に辿りつき、厖大な量の文献や写真に接することができました。そこから更に、定芳先生の次女でカリフォルニア在住の月子さんとも連絡がつき、「湘南クラブ」を軸に文士とのつきあいから果ては女性関係まで、興味深いお話をたっぷり聞き出しました。美しくて貞淑な奥さんの嘆きをよそに、華族の奥方との駆け落ちなど、とても本文の中では書けない逸話もありました。日本歯科評論の高津弌主幹との対談で「なぜ歯科医は生活をエンジョイしないのか」と繰り返し述べていた裏にはこんなこともあったのか、と妙に納得したものです。

曲がりなりにもこの本を上梓できたのは、数多くの方々のご理解とご協力があってのことです。とくに榊原悠紀田郎先生には下書きの段階でお目通し頂き、御叱正を賜りましたが、先頃、幽冥境を異にしてしまわれたため、お礼を言上できないのが心残りです。逗子・岩殿寺に鏡花の句碑を建立したのを記念しての里見弴と定芳先生の対談記録は、鎌倉通では右に出るものがいない『かまくら春秋』社の伊藤玄二郎社長から頂きました。鏡花と定芳先生との関わり合いが浮き彫りにされ、書く方も筆が弾みました。改めてお礼申し上げます。定芳先生が定芳たるべくあったアングル・スクール同期生の写真は日本歯科大学の新井一仁准教授の提供によるものです。先生が日本におけるアングル研究の第一人者であることを再認識すると共に、深甚の謝意を表します。東京歯科大学図書館には御無理を願って古い東歯の教授の写真を探し出して頂きました。さらに、神奈川県歯科医師会に所属する「歯の博物館」館長の大野粛英先生はわざわざ館内を案内して下さり、メリーランド大学の卒業証書や、解剖実習のスナップなどを見せて下さいました。有難うございました。

本書の編集から出版にかけては、口腔保健協会の編集担当の皆様に感謝いたします。

最後になりましたが、資料集めの段階から、この本の出版を心待ちにしておられた月子さんと正方さんに満足して頂けたら、望外の幸せです。

二〇〇九年四月

著者

# 文献

## 【定芳随筆群】

●随筆

『吾輩はアブセスである』歯科學報、一三巻一〇號、一九〇八年
『十代を語る』日本歯科評論、一九五六年
『わが二十代を語る』（榊原先生提供）
『アングル學校時代』歯科醫報、一六一號、一九三〇年
『東南西北皆春風』日本齒科評論、一、二號、一九四〇年

●連載随筆

『志ん橋宵夜物語』新齒科醫報、一九三八～三九年
『思ひ出話齒界三十年』新齒科醫報、一九三五～三八年
『常春莊語』日本齒科評論、一九四〇年
『袖腕放言』日本齒科評論
『村人放談』日本齒科評論、一七～二三號、一九四二年
『村人はスラングる』日本齒科評論、一九四七年
『雜音』日本齒科評論、一九四七～四八年
『村人罷り通る』日本歯科評論、一九五〇～五四年

『流れ文』日本歯科評論、一九五六〜五九年
『舞文四季』日本歯科評論、一九六二〜六四年
『漫談矯正』日本歯科評論、二八〇〜二八四号、一九六四年
『裏話今昔ものがたり日本の歯界』日本歯科評論
『蛙鳴蟬噪』歯科ペンクラブ、一九六四〜六九年
『巫山朝雲』歯科ペンクラブ、一九七〇年
『孤掌不鳴』歯科ペンクラブ、一九七〇〜七一年

【記事】

『鎌倉ニュースの發刊』齒界時報、四(六)、一九二一年
『アングル學校の生徒』矯正學報、第一號、一九三三年

【座談会・対談】

『特輯・藤代眞次氏に米國の近況を訊く』日本齒科公報、五巻二號
『ナゼ齒科醫は生活をエンジョイしないか』日本歯科評論、八七號
『夢声直傳・同行二人』(連載対談)日本齒科評論

【随筆】

コーバ月子『せぴあ色の鎌倉』下田帖
コーバ月子『母・衣川孔雀　―孔雀の五人の孫に捧げる―』下田帖
コーバ月子『アン・アメリカン・イン・シモダ』下田帖

【論文・成書】
寺木定芳『不正咬合と遺傳論』齒口世界、一九一五年
寺木定芳『人・泉鏡花』近代作家研究叢書18、第四版、日本図書センター、東京、一九九〇年
三浦裕士編『医歯薬出版七十年史』医歯薬出版、東京、一九九二年
今田見信『歯学史料』アルバムところどころ、医歯薬出版、東京、一九六七年
村上文昭『ヘボン物語』第二版、教文館、東京、二〇〇三年
田中榮三『新劇・その昔』文藝春秋、東京、一九五七年
泉鏡花『新泉奇談』角川書店、東京、一九五五年
上山草人『煉獄・蛇』新潮社、東京、一九一八年
石川達也他編『東京歯科大学百年史』東京歯科大学、一九九一年
中原実他編『日本歯科大学六十年史』日本歯科大学
尾崎紅葉『日記』紅葉全集第九巻、中央公論社、一九四一年

【雑誌】
『齒』(のち齒科矯正研究)一九一八年～

## 著者略歴

1936年 3月19日　東京府下北多摩郡武蔵野町（現・武蔵野市）吉祥寺に生まれる

1944年12月　空襲を避け，父親の出身地・神奈川県中郡国府村に疎開，次いで中郡二宮町に転居

1954年 3月　小田原高校卒業，父親に逆らい早稲田大学理工学部入学，半年で退学

1955年 4月　父親の軍門に降り東京医科歯科大学入学

1951年 3月　同大学卒業，大学院入学（歯科矯正学専攻）

1965年 3月　同大学院修了（歯学博士），神奈川歯科大学に奉職，10月同大学講師

1968年10月　神奈川歯科大学助教授

1971年10月　神奈川歯科大学教授　この頃から家を継ぐ継がぬで父親と不仲

1989～91年　日本矯正歯科学会雑誌編集理事となり，雑誌の編集後記を書く楽しみ発見

1996年 3月　老父母の面倒を見るという大義名分で神奈川歯科大学退職

1997年10月　若い頃からのワイン好きが嵩じて日本ソムリエ協会の試験を受け合格

2000年 6月　父親・隆死去

2001年 4月　学校法人神奈川歯科大学監事

2002年 4月　介護支援専門員（ケアマネージャー）資格取得（神奈川県）

2004年 3月　『日本の歯科矯正の歴史』編纂

2004年 7月　母親・愛子死去

11月　学校法人神奈川歯科大学理事（～現在）

※本文中に一部配慮を要する表現が含まれておりますが，当時の人物を描く作風を尊重し，そのまま掲載いたしております.

寺木だぁ！

2009年5月20日　第1版第1刷発行

著 者　鈴木　祥井

発 行　財団法人　口腔保健協会

〒170-0003　東京都豊島区駒込1-43-9
振替00130-6-9297　電話03-3947-8301㈹
Fax 03-3947-8073
http://www.kokuhoken.or.jp/

乱丁・落丁の際はお取り替えいたします.　印刷・製本／壮光舎印刷



ISBN978-4-89605-253-4　C3023